열린 동남아:

초국가적 관계와 새로운 정체성의 모색

열린 동남아: 초국가적 관계와 새로운 정체성의 모색

초판 1쇄 발행 | 2017년 6월 20일

지은이 | 심주형, 김소연, 이한우, 배기현, 윤대영
발행인 | 박종구
편집인 | 전종호
발행처 | 서강대학교출판부

주 소 | 서울특별시 마포구 백범로 35(신수동)
전 화 | (02)705-8212
팩 스 | (02)705-8612
등 록 | 제2002-000170호

ISBN 978-89-7273-333-1 93910

값 10,000원

* 잘못된 책은 구입하신 곳에서 바꿔드립니다.

* 이 책은 2008년 정부(교육과학기술부)의 재원으로 한국연구재단의 지원을 받아 서강대학교 동아연구소 인문한국지원사업의 일환으로 수행된 연구의 결과입니다(NRF-362-2008-1-B00018).

서강동연 HK학술총서 3

열린 동남아

초국가적 관계와 새로운 정체성의 모색

심주형 · 김소연 · 이한우 · 배기현 · 윤대영 공저

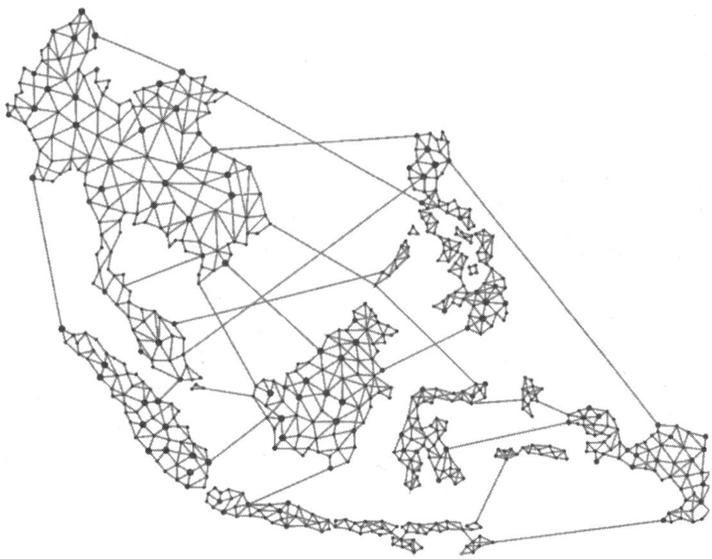

서강대학교출판부

책머리에

동아연구소 HK사업단은 제3단계 3차년도(2016-2017년) 연구 사업 성과의 일부를 묶어 이 총서로 내게 되었다. 이 총서는 제3단계 연구주제인 “열린 동남아 지역체계의 발전과 심화”와 그 3년차 핵심 연구주제인 “지역정체성의 형성과 새로운 도전”과 관련된 구체적인 쟁점들에 대해 우리 HK연구단에 소속된 교수들이 본인의 전공에 맞춰 비교적 자유롭게 쓴 글로 꾸며졌다.

우리 사업단은 2008년 당시 10년간의 연구계획을 기획하면서 동남아를 분석하는 틀로서 ‘열린 지역체계’라는 새로운 패러다임을 제시하였고, 제1, 2단계에 해당하는 첫 6년 동안은 동남아의 역사와 문화를 이 패러다임 위에서 재구성하고 재해석하는 작업을 수행하였다. 2014년부터 시작된 최종 단계, 즉 제3단계는 연구 관심을 열린 체계로서 동남아의 변화와 역동성에 초점을 맞추어 발전과 변화 가능성을 탐색하였다. 동남아는 내부적으로 그 지역적 정체성을 형성하고 공고화해 왔으며, 외부적으로 다른 지역체계들과 전 세계와의 접촉, 소통, 교류를 강화해 왔다.

이러한 내부적(역내적) 심화와 외부적(역제적) 확장이라는 연구 주제는 과거와 현재를 다룬 앞선 두 단계의 연구성과를 바탕으로 동남아의 미래를 전망하고 예측해 보려는 우리 연구단 나름대로의 시도라고 할 수 있다. 특히 3년차 핵심주제인 "지역정체성의 형성과 새로운 도전"은 정치적, 이념적 환경의 변화와 세계화라는 지속적인 추세 속에서 생존과 발전을 도모하는 개별 동남아국가들과 아세안의 노력과 전략을 다루고 있다.

이 연구기간에 연구년을 보낸 강희정 교수를 제외한 전체 HK 교수진이 참여한 이 총서는 일국을 넘어서 역내 타 국가, 지역협력체, 역외 국가와의 관계, 즉 초국성(transnationality)을 예외 없이 다루면서 소수민족, 국가, 지역 등 다양한 층위에서의 정체성의 형성과 그 변화를 흥미롭게 고찰하고 있다. 베트남의 소수민족과 탈냉전의 세계, 국제 협력 단위로서 태국의 새로운 정체성, 중국 영향력 증대에 대응하는 베트남, 지워지지 않는 베트남전의 기억, 동남아시아의 '아세안' 정체성 등, 구체적인 주제를 다룬 5편의 논문들은 동남아와 아세안을 구성하는 여러 단위들이 역내외 국가들, 지역, 세계와 만들어 가고 있는 다양한 내용과 차원의 상호작용을 다루고 있다는 점에서 초국성과 정체성 연구의 흥미로운 사례 연구집이 될 것이라 기대해 본다.

총서가 완성될 때까지 저자들 간의 수차례 협의와 더불어 출판사와의 소통 과정을 끝까지 잘 조율해 준 배기현 교수, 원고 편집과 출판에 애써 주신 서강대학교 전종호 출판부장님, 김영주 팀장님을 비롯한 편집팀 여러분, 여러 가지 행정적 지원을 제공해 준 현종민 조교에게 감사드린다. 마지막으로 이번 총서를 포함하여 우리 사업단의 연구사업을 물심양면으로 지원해 주고 있는 한국연구재단에 다시 한 번 감사의 말씀을 전하고 싶다.

2017년 5월
서강대학교 동아연구소 소장
신윤환

차례

1.

'탈냉전시대' 베트남 북부 소수민족 삶의 초국성(trans-nationality)

심주형

1 ‘탈냉전시대’ 베트남 북부 소수민족 삶의 초국성(trans-nationality)

심주형

I. 들어가며 – “탈냉전시대” 초국성에 관한 재고(再考)

오늘날 많은 이들은 베트남 사회에서 “탈냉전 시대(the post-Cold War era)”의 시작을 1986년 제6차 당 대회에서 사회주의 노선을 수정하고 “도이머이(Đổi Mới; 개혁)” 정책을 채택한 시점으로 보거나, 지구적인 정치경관(political landscape)의 급격한 변화를 낳은 1989년 베를린 장벽의 붕괴와 1991년 구-소련의 붕괴시기로 보고 있다. 자본주의 시장경제의 재도입을 결정한 “도이머이”를 중요한 정치경제적 전환의 시기이자 “근대 베트남 역사의 분수령”(Malarney

2002:1)으로 보고, 냉전체제의 한 축을 형성하고 있던 소련을 중심으로 한 사회주의 진영의 해체를 후쿠야마(Fukuyama 1992)의 주장처럼 역사적으로 형성된 이데올로기 지형의 중대한 변화로 바라보는 관점은 베트남의 내외적 변화를 이해하는 데 적지 않은 시사점을 제공한다. 베트남 사회주의 공화국의 역사에서 자본주의적 정책의 도입이 급속히 추진되고, 이념적 금기(taboo)와 적의(hostility)에 기초한 경계들이 희미해지는 사건, 다시 말해 새로운 질서로의 재편과 편입을 추동(推動)한 결정적 사건이라는 '인과(因果)적 기표'를 통해 "탈냉전 시대"로의 이행을 이해하는 것이다.

그러나 이러한 '역사적 사건들'이 지닌 인과적 상징성은 그 자체로 논쟁적이라는 사실에 주목할 필요가 있다. 특히 '사건' 그 자체의 우연성과 예외성을 배제하고, 특정 사건이 어떠한 상호작용을 구체적으로 만들고, 새로운 관계를 형성하며, 어떻게 구체적인 삶의 변화를 강제하게 됐는가와 같은 질문과 마주할 때 더더욱 그렇다. 사건에 대한 상이한 이해 혹은 급속하거나 지연된 효과들에 관한 이해를 배제할 가능성이 있다. 사건의 인과성이 사후적으로 구성되고 부여된다는 점을 상기한다면, 역사적 사건이 제공하는 상징적 기표는 구체적인 사회적 삶의 변화에 관한 이해를 위한 '진입로'이자 동시에 다양한 의미들이 경합하는 '교차로'로 이해할 필요가 있다.

이 글에서 논하고자 하는 베트남 북부 소수민족, 특히 또 다른 사회주의 국가인 중국과 맞닿은 국경지역에 거주하는 소수민족 삶의 경우, 탈냉전시대의 도래와 삶의 경관들의 변화를 탈이데올로기적 자본주의 국제질서로의 급격한 편입과 재편 과정으로만 이해하기엔 어려움이 있다. "도이머이"는 "냉전 시대의 유산"과 "탈냉전시대로의 이행"이라는 서사의 중첩이자, 현실 속에서 소수민족을 끊임없이 대상화하며 여전히 작동하는 정치적 기표로 그들의 삶을 문제시 하고 있다. 또한 무너져 내린 냉전장벽과 해체된 '사회주의적 국제주의(socialist internationalism)'의 잔해는 촘촘해져 가는 신자유주의적 자본주의 세계질서의 그물망 속에서도 여전히 내걸린 이념의 기표들 속에 자리하고 있다. 그러므로 기존의 일반적 "탈냉전 시대"에 대한 비판적인 접근과 심화된 이해가 필요하다.

서구 중심의 일반화된 "냉전 종식(the end of the Cold War)"에 대한 인식을 비판하면서, 권헌익(Kwon 2010)은 냉전의 상이한 조건과 경험을 구체적으로 이해하기 위한 "냉전의 해체(the decomposition of the Cold War)"가 필요하다는 주장을 펼친 바 있다. 이러한 관점은, 탈식민주의(postcolonialism)와 사회주의 정치이념의 결합 그리고 지난한 폭력과 전쟁을 "냉전의 일시성(the temporality of the Cold War)" 속에서 압축적으로 경험하고, '국경'이라는 초국적 점이지대이자 변경의 삶을 꾸려 나가고 있는 베트남 북부 소수민족들을 이해하는 데 유용성을 제공한다. 즉, 베트남 사회가 겪은 냉전 시대의 상이한 경험에 관한 일반화를 피하고, 탈냉전 시대를 구성하는 기획들 속에서 작동하는 '유산들(legacies)'의 계보를 추적하며, '소수'적 다양성을 복원하고 예외성을 함께 고려할 수 있는 관점을 수립하는 것이 필요하다.

초국주의(trans-nationalism)는 탈냉전시대의 주요한 특징으로 간주되어 왔다. 이념의 장벽과 민족국가의 경계들을 넘어서는 이주의 경관들과 디아스포라(diaspora)의 일시성, 그리고 자본주의적 시장질서의 일반화의 기저에 경계들을 해체하고 횡단하고자 하는 욕망들이 작동하고 있다는 점이 주목되어 왔다. 이러한 관점에서 초국주의는 새로운 형식의 정체성과 속성들의 문제이자 그것들이 구성되는 방식에 대한 문제를 제기한다. 한편, 초국성(transnationality)은 사회적이며 담론적인 실천의 문제와 맞닿아 있다. 다시 말해, 초국주의의 표현들(expressions)로써 "초국적 주체"가 생산되는 과정에서, 탈영토화(deterritorialize) 하는 욕망과 권력의 작동 과정을 주목하는 것이다. 국경과 변방이라는 민족국가적 영토성의 위계 내부에 포섭되어 있는 베트남 북부의 소수민족들은 "초국적 기표"로 전유되고, 이데올로기와 민족-국가적 통치성(governmentality) 내에서 배제(exclusion)와 포함(inclusion)의 변증법 속에 부유하는 주체로 생산된다.

"탈냉전시대의 초국성"에 관한 이와 같은 "재고(再考)"의 관점을 통해, 이 글은 먼저 탈식민주의와 사회주의적 전유의 대상으로서 북부 소수민족들의 삶을 살펴보고, 다음으로 '국경'이라는 초국적 점이지대에 놓인 삶들이 어떻게 냉전체제의 일시성을 되새김질

하고 참조하게 되는지를 두 사회주의 국가 간–베트남과 중국–에 치른 전쟁의 경험과 기억을 통해 추적해 보고자 한다. 마지막으로 오늘날 지구적 자본주의 질서(the globalized capitalist order) 내에서 소수민족이 마주하게 된 현실들 위에 드리워진 문제들에 관해 논하고자 한다. 이 논의를 통해서, 중국과 맞닿은 국경이자 변경이라는 독특한 지정학적 조건에 놓인 북부지역 '소수'민족의 삶에 작동하는 권력의 정치, 문화 그리고 윤리적 '초국성(transnationality)'을 이해해 보고자 한다.

II. 북부 소수민족(ethnic minority)에 대한 탈식민주의와 사회주의의 전유

제 2차 세계대전의 종전과 더불어 베트남에 형성된 정치적 공백을 독립과 사회주의 혁명의 적기(適期)로 판단한 호치민은 1945년 8월 18일 "총 봉기 호소문(Thư kêu gọi tổng khởi nghĩa)"을 '동포(đồng bào)'에게 보냈다.

> "존경하고 사랑하는 동포 여러분! … 현재 일본군은 이미 분쇄되었고, 구국운동은 방방곡곡으로 퍼져 나가고 있습니다. 비엣 밍(Việt Minh; 베트남 독립동맹회)에는 지식인, 농민, 노동자, 상공인, 군인계층과 **비엣(Việt), 토(Thổ), 능(Nùng), 므엉**

(Mường), **만**(Mán) **족**[1]을 포함하는 수백만의 선각자들이 있습니다. 비엣 밍(Việt Minh) 안에서 우리 동포들은 남성, 여성, 노인, 젊은이, 소득, 학벌, 부자와 가난한 자를 구분하지 않고 긴밀하게 손을 맞잡고 있습니다 … 비엣 밍은 단결과 우리 민족(dân tộc)의 투쟁을 위한 현실적 기반입니다 … 전진하라! 전진하라! 비엣 밍의 깃발 아래, 동포여 용감하게 전진합시다!"(Hồ, 2000: 553-554; 번역과 각주 및 강조는 필자.)

30여 년 동안의 해외생활에서 돌아와 1941년 베트남 북부 까오방(Cao Bằng)성에 근거지를 마련한 호치민은 "투 삼촌(Chú Thu)"이라는 가명[2]으로 독립과 사회주의 혁명을 위한 국내 활동을 시작하였다. 베트남 중부 출신이자 낑족(Kinh)인 호치민이 귀국 후 베트남 최북단의 산악지역 소수민족 거주지에 근거지를 두고 활동하는 과정에서 직면했던 숱한 문제와 위기 상황들은 널리 알려져 있다(Duiker 2000 참조). '낯선' 지역의 소수민족 마을에 은거하면서, '삼촌'과 같은 친족 호칭을 통해 소수민족과 혈연적 친근함을 강조했던 것은, 새로운 "베트남 민족"이 자연화되고 역사적으로 구조화되었던 민족체계를 초월해 구성되어야 하는 것임을 시사하는 것이었다.

---

1 현재 베트남의 소수민족 분류체계에 따르면, 비엣은 낑(Kinh)족, 토는 따이(Tày)족, 만족은 자오(Dao), 산차이(Sán Chay), 흐몽(H'Mông), 뿌뻬오(Pu Péo) 혹은 산지우(Sán Dìu)족에 해당한다. 상당수가 베트남 북부 중국과의 국경지역 특히 비엣박(Việt Bắc) 지역에 거주하고 있는 소수민족이다.

2 1890년생인 호치민이 베트남에 돌아왔을 때 이미 50대였고, "투 노인(Già Thu)"이라는 가명을 사용하기도 하였다.

호치민이 베트남 북부 국경지역에서 활동하던 시기, 현지 따이족(Tày) 출신 젊은 여성인 농 티 쯩(Nông Thị Trưng)은 연락책이자 유격대원으로 호치민과 특별한 관계를 유지하며[3] 비밀활동을 도왔다. 쯩이 속한 따이족은 베트남의 다수 종족인 낑족 다음으로 가장 많은 인구를 지니고 있으며 북부 베트남지역 곳곳에 흩어져 생활하고 있는 소수민족이다. 산간지대에 거주하는 눙(Nùng)족과 더불어 중국 남부 광서성에 자치주를 형성하고 있는 장족(壯族)에 가까우며, 상대적으로 비교적 고도가 낮은 구릉지대에 거주하며 정착생활을 하는 특징이 있어 낑족과도 빈번한 접촉을 유지해 왔다.

국내에서 기반이 취약하고 미미한 세력에 불과했던 비엣 밍이 4년여 동안 베트남 북부 국경지역에서 비밀리에 유격대 활동을 수행하며 세력을 확장하기 위해서는 토착 소수민족에 대한 이해와 여러 소수민족과의 친밀한 관계 형성을 통해 호혜적 조력을 획득하는 것이 반드시 필요했다. 실제로 호치민의 지시를 받은 보 응우옌 지압(Võ Nguyên Giáp) 장군이 1944년 12월 22일 까오방 성에서 34

---

3 "농 티 쯩 여사의 호아저씨에 관한 기억(Ký ức về Bác Hồ của bà Nông Thị Trưng)" http://bqllang.gov.vn/tin-tuc/tin-tong-hop/2128-ky-c-v-bac-h-c-a-ba-nong-th-trung.html(검색일: 2017. 3. 20.); 쯩과 호치민의 '특별한 관계'에 대한 의혹이 제기 되기도 하였고, 한때 베트남 공산당의 총비서를 역임한 농 득 마잉(Nông Đức Mạnh) 주석의 생모(生母)라는 소문이 떠돌기도 했다. 쯩과 마잉, 두 사람 모두 북부지역 따이족 출신이라는 공통점이 있는데, 소문의 사실 유무를 떠나 여전히 '베일에 싸인' 북부 국경 산악지역과 소수민족의 삶이 호치민의 비밀활동 시기와 겹쳐져 의혹의 신빙성을 더했다는 점에서, 오늘날까지도 베트남 북부 국경지역과 소수민족에 대한 뿌리 깊은 '신비주의'가 작동하고 있음을 알 수 있다.

명으로 역사적인 베트남 인민군(Quân đội nhân dân Việt Nam)을 창설하였을 때, 그중 29명이 소수민족 출신이었다.[4] 베트남 인민군의 첫 전사들 중에서 무려 85%에 이르는 이들이 소수민족 출신이었다는 것은 그 자체로 정치적 상징성을 지닐 뿐만이 아니라, 최소한 초기의 '혁명 동력'이 전적으로 소수민족에 의존하고 있었던 상황을 보여 준다. "토족, 능족, 므엉족, 만족" 등 북부 소수민족을 구체적으로 호명했던 호치민의 "총봉기 호소문"은 베트남 독립과 사회주의 혁명의 서막인 "8월 혁명(Cách mạng tháng Tám)"의 성공이 북부 소수민족들의 "비엣밍(Việt Minh)"[5]에 대한 참여와 적극적 지지를 통해서만 가능한 것이었음을 보여 주는 것이라 할 수 있다.

탈식민적 상황의 초기, 베트남 사회주의 세력과 소수민족의 조우 그리고 소수민족에 대한 특별한 정치적 관심과 중요성에 대한 인식은 식민지 피지배 경험의 극복과 맑시즘에 바탕을 둔 이데올로기적 지향의 교차점에서 새로운 '주체'를 구성하는 것과 관련이 있었다. 식민지 피지배 상황의 극복을 통해 독립된 민족-국가(nation-state)를 건설하는 것은 단일한 영토의 개념과 동일한 민족적 정체

4 "베트남 인민군 창설 69주년 기념(22/12/1944-22/12/2013) 베트남 인민군 형성과정의 역사(Kỷ niệm 69 năm Ngày thành lập Quân đội nhân dân Việt Nam(22/12/1944-22/12/2013) Lịch sử quá trình hình thành Quân đội nhân dân Việt Nam)" http://bqllang.gov.vn/tin-tuc/tin-tong-hop/1996-k-ni-m-69-nam-ngay-thanh-l-p-quan-d-i-nhan-dan-vi-t-nam-22-12-1944-22-12-2013-l-ch-s-qua-trinh-hinh-thanh-quan-d-i-nhan-dan-vi-t-nam.html (검색일: 2017. 3. 25.)

5 베트남 독립 동맹회(Việt Nam độc lập đồng minh hội)의 약칭이다. 1941년 5월 19일 까오방성의 팍보(Pác Bó)에서 창립되었다.

성에 대한 상상을 통한 공동체 구성(Anderson 1991)으로 가능한 것이었다. 또한 사회주의 이념 지향은 봉건제와 제국주의적 질서의 타파와 더불어 당-국가로 조직되는 새로운 정치-사회체제의 형성을 도모하려는 것이었다. 즉, 소수민족과 새로운 관계를 설정하고 더불어 소수민족에 대한 정치적 포섭(political inclusion)을 통해, 이들에게 국민 정체성을 부여하고, 당-국가의 구성원으로 이들을 적극적으로 동원하는 두 가지 과제를 동시에 추진하는 것이었다.

프랑스의 베트남 식민지배는, 스캇(Scott 2009: 20)이 영국의 동남아시아 식민지인 버마에서의 사례 연구를 통해 "유럽인들"의 "전형적(classic)" 식민지 지배정책으로 제시했던 "분리와 지배(divide-and-rule)"라는 통치술의 활용과 크게 다르지 않았다. 프랑스 식민지 정부는 베트남의 산악지역(miền núi)의 소수민족 거주지에는 정치, 문화적인 상대적 자율권을 부여하고, 저지대(miền xuôi)에 거주하는 다수종족(majorities)에 대한 통치를 강화하는, "분리와 지배(divide-and-rule)"를 지속적으로 행해 왔다. 이러한 통치전략은 봉건왕조 이래 북부 국경지역의 소수민족 거주지들을 "토 띠(thổ ty)"[6]가 대리자로서 통치하고 저지대에서는 관료에 의한 직접통치가 이루어지던 관행이 프랑스 식민시대에도 그 명맥이 유지되어 온 측면이 있다. 그러한 유산에 덧붙여, 프랑스 식민지 정부는 지속적으로 다수

6 중국의 tusi(토사 土司)와 유사한 제도로 변방과 소수민족 지역(Vùng Dân tộc thiểu số)에 대체로 해당지역민 혹은 추장을 지방관으로 임명하여 일정한 자치권을 보장하는 제도이다.

종족인 낑족을 식민지 행정부의 대리자로 통치에 이용하려고 시도했고(Poisson 2009), 프랑스 군은 '국경 관리'를 위해 주둔하는 동안 토착민을 고용하여 차등적 위계관계를 구축하면서 지역 내 종족간 반목과 대립의 상황을 심화시켰다.

프랑스는 식민지 지배 기간 동안, 통치의 효율성 제고를 위해 베트남을 남북으로 삼등분—박끼(Bắc kỳ), 중끼(Trung kỳ) 그리고 남끼(Nam Kỳ)[7]—하여 각 지역별로 차등적인 식민행정을 펼쳤다. 이러한 공간적 구획(partitioning)에 기반한 식민지 지배체제는 각 지역의 토착민들이 삶의 공간적 조건으로서 '영토성(territoriality)'을 '원초적(primordial)'인 것으로 상상하게 함으로써 지역 정체성을 강화하는 효과를 낳았다.

프랑스 식민지 시대 베트남의 농장과 공장들에서도 종족 정체성(ethnic identity)과 출신지역에 따라 차등적인 노동통제 정책을 적용하는 지배와 통제가 행해졌다(Trần A. N. 2013). 20세기 초 이래 프랑스의 베트남에 대한 직접 투자가 증가하면서 대대적인 노동이주가 발생하였다. 이 시기 광산개발과 재식농업(plantation)이 활발해지면서 저지대 노동인구가 산악지대로 이주하는 현상이 나타나는 한편, 섬유와 고무산업의 발전에 따라 저지대 공장들로의 이주가 전국적인 규모로 발생하였다. 이러한 식민지 개발의 과정에서

---

7 일반적으로 통킹(Tonkin; 박끼), 안남(Annam; 중끼) 그리고 코친차이나(Cochinchina; 남끼)로도 부른다.

"조상의 땅(ancestral land)"을 빼앗기거나 떠나야만 했던 부역 노동자(corvée labor) 혹은 이주 노동자의 경우에, 이들의 '고향 증명(native-place identification)'과 '종족 정체성' 등은 고용주들의 통제수단으로 전유되거나 피지배자들의 '연대감'을 구성하는 기초적 자원이 되었다(같은 책). 작업장과 노동과정에서의 역할 차등에 따른 위계 구조가 고향, 종족 그리고 성(gender) 등을 전유하여 차등적으로 형성되면서 '차이'를 통한 정체성의 감각들이 강하게 촉발되었다.

베트남의 소수민족 사회 내·외부의 정치적 경관은 프랑스의 식민지 지배정책에 의해 전통적인 위계구조의 변화와 새로운 사회관계의 설정을 통해 급격히 변화하였다. 이러한 변화는 소수민족의 세계관과 에토스(ethos)의 변화를 가져오기도 하였는데, 개별 민족 정체성을 넘어선 피식민자로서의 정체성이 형성되면서 프랑스에 대항하는 투쟁에 참여하는 조건이 되기도 하였다.

뒤르켐(Durkheim 1965)은 사회에서 구성원 간의 공통된 경험과 상호작용에 기인하는 공유된 방식, 믿음, 그리고 감정 등을 "집합의식(collective consciousness)"으로 개념화 한 바 있다. 주지하다시피, 뒤르켐은 자신의 논의를 집합의식의 변화 가능성에 관한 직접적인 관심으로까지 발전시키지는 않았으나, 공통된 경험과 사회적 상호작용의 '생산성'에 주목한 그의 관점은 베트남 소수민족의 정체성 형성을 이해하는 데 있어서 유용성을 제공한다. 베트남 소수민족들이 프랑스의 식민지 정책과 권력관계 내에서 내·외부적 상호작용을 통해 경험한 '차이'의 감각은 민족 및 문화적 정체성을 구성하는 구체적인 표상이자 집단적 주체로서의 "자기의식(self-consciousness)"의 형성을 강제하였다. 또한 지역 및 종족에 대한 "분리를 통한 지배" 전략을 활용한 식민지 개발과, 고산 지역과 저지대 사이의 비자발적 노동이주 과정에서 권력에 의해 차별적으로 조정된 사회관계는, 식민지 피지배자들 사이에 "집합적 다수"와 "집합적 소수"라는 정체성의 정치를 발생시켰다.

1945년 "8월 혁명"과 독립전쟁 그리고 1954년 파리 협정을 통해 북베트남 지역에 수립된 사회주의 정부는 식민지적 유산으로 남겨진 정체성의 분절과 반목의 정치를 극복해야 하는 과제를 안고 있었다. '탈식민주의적 과제'들과 결합한 '사회주의 정책'의 이념적 기반은, 1950년대 중반 이후 본격적으로 진행된 이른바 "소비에트 스타일(kiểu Liên Xô)"의 소수민족 연구(Ito 2013; Nguyễn, Văn Sửu et al. 2016; Pelley 2002)에 의해 마련되었다. 특히 스탈린(Stalin)이 1913년 "맑시즘과 민족문제(Marxism and The Natioanl Question)"라는 글에서 밝힌 민족에 관한 정의는 베트남의 민족학 연구와 정책에 주요한 이념적 기준을 제공했다.

스탈린에 따르면 민족은 첫째, 역사적으로 구성되고, 둘째, 안정적인 공동체를 이루며, 셋째, 공통 언어의 기반을 지니고, 넷째, 공통의 영토를 가지고 있으며, 다섯째, 공통의 경제생활과 경제적 결합 상태에 있고, 마지막으로 여섯째, 공통 문화 내에 정신적 기질이 표현되는 집단이다(Stalin 1953: 307). 이러한 정의는 베트남 민족(dân tộc Việt Nam)을 규정하고 탈식민주의적 민족주의를 구성하는 데 영향을 주었다. 그러나 베트남의 탈식민적 민족경관(ethnoscape)은 스탈린주의적 민족학을 단순 적용하기에는 어려운 상황이었다. 무엇보다 프랑스 식민주의자들의 연구와 중국의 연구 자료가 대부분이었기에 다양한 소수민족의 역사적 구성을 확증하기에는 탈식민적 역사 연구가 필요했으며, 식민지 지배의 영향으로 '공통의' 영토적 경계를 확정하는 것마저도 쉽지 않았다. 각 민족들 사이에는 "분리를 통한 지배"의 경험이 낳은 상호 갈등이 상존하고 있었고, 서로 다른 언어를 사용할 뿐만 아니라 경제생활의 이질성과 정신적 기질의 차이도 두드러져 독립된 민족국가 건설의 기반이 될 통일된 민족 개념으로 통합하기가 쉽지 않았다.[8] 탈식민적인 새로운 민족-국가를 건설해야 하는 정치적 과제를 지닌 베트남에 있어서, 다양한 민족으로 구성된 종족경관은 민족에 대한 공통적이고 합의된 인식의 형성을 어렵게 하는 것이었고, 더 나아가 사회주의 이념을 실현해 나가는 데 걸림돌이 되었다.

베트남에서 민족의 개념은 '냉전 시기' 여러 차례 변화의 과정을 겪었다. 1945년 독립선언서에 처음 등장한 '민족(dân tộc)'이라는 표현은 1946년 최초 헌법의 전문에 "80여 년간의 투쟁 끝에 식

---

8 베트남과 중국 사이의 영토 국경(territorial border) 확정은 2008년 12월 31일에서야 완료되었다.

민지 정책의 억압에서 벗어나고 동시에 제정(帝政; vua quan)을 철폐한 베트남 민족"으로 등장하고, "우리 민족(dân tộc ta)"이라는 일반적 표현으로 두 차례 사용되었다. "우리 민족"이 누구를 지칭하는 것인지를 특정화 하지 않았던 것은 "우리" 안에 포함할 민족들이 여전히 불분명했던 당시의 상황을 반영한다고 볼 수 있다.

1959년에 개정된 헌법은 "베트남 민주공화국"의 마지막 헌법으로 보다 체계적인 구성과 구체적인 내용을 지니고 있다. 이 헌법의 전문에는 베트남 민족이 "수천 년의 역사(mấy nghìn năm lịch sử)"를 지닌 "근면한 노동민족(dân tộc lao động cần cử)"임을 밝히고 있는데, 이전 헌법에서 "80여 년" 동안 함께 싸워 온 민족이라는 규정이 '정치적 시간성'의 공통경험을 강조했다면, 개정된 헌법에서는 "수천 년"이라는 "자연화 된" 역사성과 '노동'의 개념에 기초한 '맑스주의적 인간관'이 민족 개념에 반영된 것을 확인할 수 있다. 또한 헌법 제 3조에 베트남이 "다민족(nhiều dân tộc)"으로 구성된 국가임을 명확히 하고, 국가가 "소수민족(dân tộc thiểu số)"의 평등한 권리와 자치권을 보장하며, 경제와 문화의 수준을 제고하는 데 도움을 준다는 것을 명시하고 있다. 전체적으로 볼 때, 1959년 헌법은 소수민족에 관한 사회주의적인 이상의 실현을 분명히 하고 있다고 평가할 수 있다. 특히 스탈린(Stalin 1953)이 "민족문제"에 관한 해결 원칙으로 제시한 "자기결정권(the right of self-determination)", "지역 자치권(regional autonomy)", "민족적인 모든 형식(언어, 학교 등)에 관한 평등한 권리(equal rights of nations in all forms)"를 모두 보장하고 있다.[9] "소수(thiểu số)"에 대한 관념을 민족 개념과 더불어 공식화 하고 그들의 '영토성'을 인정하여 자치구 형성을 보장한 것은 특별한 의미를 지닌다. 즉 인구학적인 관점에서 민족경관을 바라보는 한편, 각각의 소수민족이 동등한 권리와 더불어 특정한 지역에서 자치권을 보장받을 수 있음을 분명히 한 것이다.

"8월 혁명"을 통해 베트남 민주공화국 수립을 선포한 직후부터, 호치민은 소수민족 문제에 남다른 관심을 가졌다. 그는 포고령(Sắc lệnh số 58, 1946. 5. 3.)을 통해, "국내 모든 소수민족에 관련된 정치와 행정 문제들을 조사하고 베트남 땅에서 생활하는 모든 소수민족들 간의 우호관계를 강화"할 것을 지시했다. 이에 따라 "소수민족국(nha dân tộc thiểu số)"이 설치(Nghị định số 359, 1946. 9. 9.)되었다.[10] 이 소수민족국은 북부 소수민족들과 거주지의 제반 정치, 행정적 문제들을 해결하고 사회주의 이념에 따른 평등(bình đẳng)을 실현하며, 민족적 우호와 단결을 고취하는 것뿐만 아니라 소수민족에 대한 연구 임무도 지니고 있었다. 프랑스와 독립전쟁을 펼치는 동안에도 1947년 전선–동원 중앙위원회(Ban Mặt trận-Dân tộc Trung

---

9 스탈린이 민족문제의 해결책으로 강조한 "노동자 계급의 국제연대 원칙"은, 1959년 헌법의 전문 말미에 "위대한 소련이 선두에 서 있는 사회주의 진영의 형제국들과 합심단결"할 것으로 명시되어 있다.

10 민족위원회의 발전사 "Lịch sử phát triển của Ủy ban Dân tộc" http://www.cema.gov.vn/gioi-thieu/lich-su-phat-trien/lich-su-phat-trien-cua-uy-ban-dan-toc.htm(검색일: 2017. 4. 25.)

ương) 산하에 민족연구단(Tổ Nghiên cứu Dân tộc)이 꾸려져 소수민족 연구와 정치활동을 지속적으로 펼쳤다.

1954년 디엔비엔푸(Điện Biên Phủ)에서의 전승을 통해 파리협정이 체결되고 전쟁이 끝나자, 본격적으로 당–정부 주도의 민족학 연구가 시작되었다. 1955년 민족 분과위원회(Tiểu ban Dân tộc)가 당 중앙 산하에 설치되어 각 소수민족에 관한 기초적인 정보들을 소개하는 출판 업무를 직접 담당하게 되었다. 이 민족분과위원회는 1959년 민족위원회(Ủy ban Dân tộc)로 확대 개편되어 오늘날 소수민족에 관한 연구와 사회주의 정책 집행을 담당하는 행정기관이 되었다. 민족분과위회의 활동 중 베트남의 소수민족 연구사에서 큰 의미를 지닌 것으로 응우옌 휴 터우(Nguyễn Hữu Thấu)에 의한 베트남 소수민족 분류체계 정리를 꼽을 수 있다. 프랑스 식민지 시대의 연구들이 상당수 존재했으나, 베트남의 소수민족 분류체계는 체계화되지 못한 채 혼동 속에 남아 있었다. 당 응이엠 반(Đặng Nghiêm Vạn 1998)에 따르면, 1958년 호치민이 베트남 북부지역의 한 마을에 방문하여 지역의 인민위원회 위원장과 당위원회 비서에게 지역에 몇 개의 소수민족이 있느냐는 질문을 던졌을 때 서로 다른 답을 내놓았는데, 이 상황을 심각하게 여긴 호치민은 직접 민족학자들에게 "과학적 증명가능성(scientific verifiability)"이 있는 답을 마련하라고 지시했다고 한다. 이러한 상황에서 민족학 연구를 진행하고 있던 터우는, 당시 베트남에 와있던 소련의 민족학 연구소 연구생의 도움을 받아 프랑스 학자들의 관련 연구를 검토하여 63개의 소수민족을 어족(language family)에 따라 분류하였다. 터우의 작업은 베트남의 종족경관(ethnoscape)에 대한 최초의 체계적 분류를 제시했다는 점에서 의미를 지니고 있었으나, 1960년에 실시된 인구 조사 결과는 터우가 기초한 체계와 상이했다. 인구 조사 과정에서 소수민족이 자발적으로 종족정체성을 신고할 수 있도록 일부지역에서 허용한 결과 베트남 내 전체 민족의 수는 무려 125개에 달했던 것이다(Ito 2013, 18). 이러한 소수민족 분류체계의 혼란은 식민지시대 이래 베트남의 소수민족에 대한 인식이 사회주의 이념과 충돌하는 상황을 해결할 필요가 있다는 것을 의미할 뿐만 아니라, 민족 정체성으로 표현되는 "자기의식(self-consciousness)"과 인식론적 혹은 관료제적 분류체계의 충돌이 일상적으로 발생할 수 있다는 것을 보여 준다.

1968년 민족학 연구소(Viện Dân tộc học; Nghị định số 59/CP, 1968. 5. 14.)[11]가 설치되어, 본격적으로 정부 주도의 소수민족연구가 진행되기 시작했다. 베트남의 민족학/인류학자들은 정부의 지원 속에서 소수민족의 '현실'에 관한 연구를 진행하였고 연구 성과는 곧바로 당-국가의 정책에 반영되었다. 이 연구소의 가장 중요한 첫 번째 사업이 베트남의 민족 구성에 관한 확정(xác định)에 관한 연

11 연구소의 영어 명칭이 2012년 인류학 연구소(Institute of Anthropology)로 공식화되었으나 오랫동안 민족학 연구소(Institute of Ethnology)로 번역되어 왔다. 이 글에서는 역사적 관점을 유지하기 위해 민족학연구소를 사용한다.

구였다.[12] 분류체계를 명확히 하는 것은 국가적 정치문제이며, 당-국가가 직접 연구를 수행함으로써, 소수민족 분류체계의 결정을 더 이상 소수민족 스스로나 지방 관료들에게 맡기지 않겠다는 것을 의미하기도 하였다. 1973년 베트남과 미국 사이에 파리협정이 체결되어 통일에 대한 기대가 구체화되자 관련연구는 더욱 활기를 띠었다. 당-국가의 관리 하에 소수민족 연구의 '정치성'이 점차 중요해지자, 프랑스 학자들에 의해 형성된 소수민족 연구 전통으로부터 벗어나 소련의 민족학 연구를 적극적으로 수용하려는 노력이 강화되었다.

탈식민지적 상황 속에서 사회주의적 이상의 실천적 대상이 된 북부 소수민족은 소련과 중국 등 다른 사회주의국가들에서 실시된 것과 같은 "자치구(khu tự trị)" 정책을 통해 적극적으로 민족-국가적 질서로 포섭되었다. 1955년 북서부 국경지역을 포괄하는 "타이-메오 자치구(Khu tự trị Thái-Mèo)"[13]가 설치되고, 1956년에는 북동부 국경지역을 포괄하는 "비엣박 자치구(Khu tự trị Việt Bắc)"[14]의 설치가 결정되었다. 베트남 북부지역 중, 델타지역과 해안지역

---

12 베트남 인류학연구소 홈페이지 "발전사(lịch sử phát triển)"에 게시된, 전 연구소장 콩 지엔(Khổng Diễn)과 브엉 수언 띵(Vương Xuân Tình)의 글 참조.

13 1962년 베트남 국회의 결정으로 오늘날의 라이쩌우(Lai Châu), 디엔비엔(Điện Biên), 선라(Sơn La), 옌바이(Yên Bái)성을 포괄하는 "떠이박 자치구(khu tự trị Tây Bắc)"으로 개칭되었다.

14 "비엣박 자치구"는 오늘날 까오방(Cao Bằng), 박깐(Bắc Cạn), 랑선(Lạng Sơn)성 그리고 뚜엔꽝(Tuyên Quang)과 타이응우옌(Thái Nguyên)성의 대부분 및 박장(Bắc Giang)성의 일부로 구성되었고 1959년 라오-하-이옌(Lào-Hà-Yên)이 해체되면서 하장(Hà Giang)성도 포함했다.

을 제외하면 거의 대부분의 산간지역이 자치구가 된 것이었다. 이러한 자치구 정책은 스탈린주의적인 이상, 즉 소수민족의 "자기 결정권"을 보장하고 평등권을 실현하기 위한 것으로 설명되었고, 실제로 분단 상황에서 북베트남의 "친(親) 소수민족 정책"의 상징으로 선전되었다.

그러나 베트남 북부 산간지대의 소수민족 거주 경관은 다양한 소수민족이 뒤섞여 있는 상태이기에, 특정 소수민족의 자치구를 소수민족의 "영토성"에 기반해 획정하는 것은 쉽지 않은 일이었다. 1946년에서 1954년까지 벌어진 프랑스와의 전쟁은 산간지역 소수민족 거주지를 전장(戰場)으로 변모시켰고, 비엣밍을 지원하는 세력과 프랑스 군대를 지원하는 세력으로 나뉘어져 소수민족들 사이의 내전 양상을 띠기도 하였다.

1954년 파리협정의 결정에 따라 북베트남과 남베트남 사이의 자유로운 이주가 가능해졌던 1년여의 기간 동안 미 해군은 "자유를 향한 길 작전(Operation Passage to Freedom)"을 펼치며 북베트남 주민들의 남베트남 이주를 독려했다. 이 과정에서 프랑스에 협조하거나 천주교를 믿는 수만 명의 북부 소수민족이 남베트남 지역으로 이주했다. 오늘날 북부 국경 소수민족 거주지에서 "버려진 채" 발견되는 수많은 성당건물들은 광범위하게 이루어졌던 이주와 급속한 사회주의화의 흔적으로 남아 있다. 한편, 지역의 당-정부 조직 구성과 군 조직 정비를 위해 낑족을 비롯한 외부인들이 북부 소수민족 거주지로 이주하기도 하였다. 이러한 상황은 북부지역의 소수민족 경관에 변화를 가져왔는데, 특히 각 지역의 거점도시와 행정중심지가 정비되면서 공간적 위계가 새롭게 설정되었다.

대표적인 사회주의 소수민족 정책으로 간주될 수 있는 "자치구" 정책은, 소수민족 스스로의 결정을 통해 '획득된 것'이 아니라, 당-국가의 정치적 고려에 기반한 것이었다. "타이-메오 자치구"는 프랑스 식민지 시대에 존재했던 "타이족지역 자치구(Xứ Thái tự trị)"[15]를 확대 개편한 것이었다. 특히 이 지역의 타이족은 전쟁기간 비엣밍 세력에 대항해 격렬히 저항했던 소수민족이었는데, 타이족에 이어 지역 내 다수를 차지하고 있던 메오족(오늘날의 흐몽족; H'Mông)과 함께 자치구를 형성하게 함으로써, "적대감"을 누그러뜨리고 원거리 지역에 대한 정치적 통제권을 획득할 수 있었다(Schliesinger 1997, 35).[16] 반면 "비엣박 자치구"는 지역 내 민족경관이 복잡하게 뒤섞여 있어 특정민족을 '대리자'로 내세운 통치가 사실상 불가능했기에, 자치구로서의 기능을 하기보다는 특별 행정구역의 의미가 더 강했다.

북부지역 전역에서 1953년부터 1957년 사이에 진행되었던

---

15 베트남어 "Xứ"는 한자어 "처(處)"의 의미를 지니고 있다. 대체로 지명과 더불어 역사적으로 형성된 독특한 문화-지리적 특성과 인구경관을 특정화 할 때 사용되는 표현인데, 북부 베트남의 다른 대표적인 사례로는 오늘날 랑선지역을 일컫는 "Xứ Lạng"등이 있다.

16 슐리징어(Schliesinger 1997)에 따르면, 당시 인구 중 타이족은 19만여 명, '메오'족은 6만여 명으로 지역의 '다수민족'을 이루고 있었다고 한다.

"토지개혁(cải cánh ruộng đất)"은 북부의 소수민족 자치구에서도 예외 없이 수많은 문제를 발생시켰지만, 그 과정에서 당-국가 중심의 지역 권력체계의 정비가 이루어지기도 하였다. "비엣박"은 비엣(Việt 즉, Kinh족) 거주지인 홍강(sông Hồng) 델타의 북쪽이라는 의미를 지니고 있었는데, 1962년 "타이-메오 자치구" 또한 수도 하노이를 중심으로 했을 때 서북지역이라는 의미에서 "떠이박(Tây Bắc) 자치구"로 개칭되면서 사실상 "소수민족 자치구"라는 정치적 상징성은 점차 퇴색되었다.

결국 탈식민주의적 민족국가 건설과 사회주의적 재편이 동시에 추진되는 과정에서, 북부지역의 소수민족은 정치적 동원의 대상이자, 새롭게 분류되어 통치되어야 할 '타자'이자, 당-국가 내부로 포섭되어 통치되어야 할 주체로서 전유되었다. 이 과정에서, 북부 소수민족은 베트남 사회 내부의 시각과 자발적인 관계 재설정의 과정을 경험하기보다는, 프랑스의 식민통치가 남긴 유산과 소련으로 대변되는 사회주의 이념의 경합 내에 놓이게 되었다. 혁명과 전쟁 그리고 농지개혁으로 대변되는 정치적 격변들은 북부 소수민족 사회의 구조와 삶의 방식들을 바꾸어 놓는 것이었고, 그 결과 스탈린주의적 민족문제 해결책이 꿈꾸던 "초국적 연대"보다는, 정치권력을 획득한 다수종족인 낑족의 지도 속에서 동화될 것을 요구 받게 되었다.

III. "통일"과 "국경전쟁" 그리고 북부 소수민족의 삶 – 랑선(Lạng Sơn)성을 중심으로[17]

급격히 추진되었던 "토지개혁(cải cách ruộng đất)"의 실패와 사회주의적 정치체제로의 재편과정에서 뒤흔들리던 북부 소수민족들은, 1965년 3월 2일 시작된 미국의 직접적인 베트남 북부지역에 대한 폭격으로 또 다른 전쟁의 소용돌이에 휩싸였다. 산악지역의 지리와 생활방식에 익숙한 많은 소수민족 젊은이들이 "호치민 트레일(đường mòn Hồ Chí Minh)"을 따라 전장에 동원되었다. 하노이(Hà Nội)와 하이퐁(Hải Phòng) 등 북부 주요 도시에 집중된 폭격을 피해 수많은 사람들과 정부기관들이 산간지역의 소수민족 거주지로 피난을 떠나왔다. 특히 중국과 접해 있는 랑선과 같은 북부 국경지역은 전쟁물자와 병력들이 집중적으로 밀려들어 오는 "내륙의 항구(nội cảng)"로 기능하였다. 1968년 말 미국이 19도선 이북에 대한 폭격을 중단하고 북베트남 정부와 평화협상에 나서기 시작하면서, "사회주의 동지 국가"와 인접한 북부 국경지역은 베트남의 다른 지역에 비해 상대적이나마 쏟아지는 폭탄과 하늘을 가르는 포성(砲聲)으로부터 거리를 둘 수 있었다. 그러나 사회주의 동지의 나라를 향해 "열린 국경"을 통해 전쟁 지원을 위한 군수품만 쏟아져 들어 왔던 것은 아니었다. 당시 중국 남부에서 벌어지고 있던 격렬한 문화

---

17 이 장은 필자의 박사학위 논문(Shim 2014)과 이후 2015에서 2017년 사이 지속적으로 진행했던 랑선성과 여타 베트남 북부지역에서의 현지조사 내용을 기초로 작성되었다.

혁명의 여파로 상당수의 소수민족 피난민들이 베트남으로 밀려들어와 동일한 언어와 문화적 정체성을 지닌 소수민족 거주지에 정착하기도 하였다. 남부지역에서 치열한 전투를 치르고 있던 상황에서, 중국에서 "반동(phản động)"으로 낙인찍힌 사람들이 이주해 오는 것은 '후방'의 안전을 위해서라도 두고 볼 수만은 없는 것이었다. 상황의 심각함을 인지한 베트남은 북부 국경지역과 소수민족에 대한 관리와 통제에 본격적으로 나서며 국경 건너편의 "사회주의 동지"를 지원했다.

1975년 4월 30일 "남부해방"을 통해 전쟁이 끝나자 북부 베트남에서도 통일을 위한 준비가 본격적으로 추진되었다. 같은 해 12월 27일, 베트남 국회사에서 가장 짧은 임기 동안 일했던 제 5대 국회는 "비엣박 자치구"와 "떠이박 자치구"의 해산을 결정하고, 1959년 헌법을 통해 명문화했던 자치구의 여러 독립적 권한들에 대해서도 폐지 결정을 내렸다. 더불어 북베트남 지역에서는 대대적인 행정구역 개편이 진행되었다. "통일 베트남"시대를 준비하는 분주한 변화 물결 속에 울려 퍼지던 "해방된 베트남 민족"의 서사 속에 소수민족은 자리를 잃은 채 휩쓸렸고, 사회주의의 대표적 정책이었던 "소수민족 자치구"의 역사는 "통일된 국토(thông nhất đất nước)"라는 정치적 수사 내부에서 희미해져 갔다.

급속히 추진된 '통일 베트남' 건설을 위한 절차들이 마무리되자, 국호는 1976년 7월 2일 "베트남 사회주의 공화국"으로 바뀌었고, 자본주의적 시장경제를 해소하며 집단화 및 국유화와 더불어 당-국가가 통제하는 경제체제를 실현하기 위한 본격적인 "사회주의 정책"이 시행되었다. 이 과정에서 특히 남부 호치민시에 거주하던 "호아족(dân tộc Hoa)"[18]의 저항이 거세게 일어났다. 통일 당시 베트남 전체 인구의 약 4% 정도를 차지하고 있었던 호아족은, 북부와 남부지역에서 인구편차가 심하였다. 북부 지역에는 약 삼십만 명이 거주하고 있었지만 남부지역에는 무려 백오십만 명 이상이 호치민시를 중심으로 거주하고 있었다.[19] 중국은 베트남 내에 거주하는 "화교"들이 부당한 탄압과 억압을 받고 있다고 주장하며 베트남을 압박했고, 베트남은 중국이 자국 내 내정에 간섭하며 소수민족을 선동하고 있다고 반발했다. 베트남과 중국의 관계는 이미 1970년대 초반부터 악화되고 있었는데, 1974년 1월 19일 "호앙사 군도(Quần đảo Hoàng sa; 黄沙群岛)"에서 벌어진 해전은 양국관계의 파국을 알리는 전조였다.

급기야 1978년에 모든 사영기업에 대한 국유화가 진행되자, "호아족"의 대규모 베트남 탈출사태가 벌어졌다. 일부는 돈을 내고

---

18 호아족은 호아 끼에우(Hoa Kiều; 화교)와 종종 동일시되지만, 베트남 정부는 베트남 시민권을 지닌 중국계 모두를 "공민(công dân)"이자 하나의 소수민족으로 간주해 일반적인 의미에서 화교(overseas Chinese)와 구분하려고 시도해 왔다. 호아와 호아 끼에우 그리고 대만인을 포함하기도 하는 중국인(người Trung Quốc) 개념은 여전히 논쟁적이다. 베트남 내 복잡한 호아족 문제와 역사에 관해서는 Amer(1996), Chang(1982), Châu(1992)와 Han(2009) 등을 참조.

19 "Saigon's Chienese-going, going, gone(2013.7.7.)" http://www.asiasentinel.com/politics/saigons-chinese-going-going-gone/(검색일: 2017. 4. 30.)

"합법적"인 출국허가를 얻기도 하였으나, 상당수는 "보트피플(boat people)"이 되어 제 3국으로 떠나갔다. "화교의 귀환"을 전폭 지원하겠다고 공공연히 선전하던 중국으로 향하고자 했던 이들은, 베트남 남북을 잇는 1번 국도의 시작점이자 수도 하노이에서 가장 가까운 국경 관문이 있는 랑선으로 몰려들었다. 연일 가재도구를 싣고 떠나려는 호아족들이 국경관문 앞에 길게 늘어섰고, "사회주의 형제국들"은 서로를 비방하며 긴장감을 높였다. 마침내 베트남이 친중노선을 취하고 있던 폴포트(Pol Pot) 정권의 캄보디아를 침공하자 일촉일발의 전쟁상황이 북부 국경지역에 펼쳐졌다.

또다시 한 치 앞을 예측할 수 없는 전운에 휩싸인 국경지역 소수민족들은 베트남과 중국 사이에서 어느 곳을 선택해 피난을 떠날지 결정해야 했고, 산간지대에서 고립된 공동체를 형성하며 생활하고 있던 소수민족들은 양쪽 어느 곳도 선택하지 않고 그대로 머물기를 택하기도 했다. 1979년 2월 17일 새벽, 베트남과 중국 간의 "동지적 우애"를 상징하던 랑선의 국경관문 "우의관(Hữu Nghị Quan)"에서 울려 퍼진 포성은 베트남의 북부 국경지대 전역에서 지축을 흔들며 메아리를 쳤다. 한 달여 동안의 전쟁기간 중, "60만 명의 중국 침략군"[20]이 몰려왔고, 베트남은 역사상 최초로 전 국민을 대상으로 한 "총동원령(Tổng Động Viên)"을 발령하여 맞서 싸웠

---

20 "영광스러운 전면적 승리(Thắng Lợi Rất Oanh Liệt và Toàn Diện)" Nhân Dân, 1979. 3. 20.

다. 베트남 인민군의 주력부대는 캄보디아 침공에 나선 상황이었기에, 베트남 최북단 국경지대에서 벌어진 전쟁에서는 주로 "민병(Dân Quân)"을 동원할 수밖에 없는 상황이었다. 이 과정에서 북부지역 소수민족들도 "조국방어 전사"로서 중국에 맞서 싸울 것이 독려되었다.

그러나 베트남과 중국의 관계가 악화되는 과정에서, 북부 국경지역 소수민족의 베트남 사회주의 공화국에 대한 "충성심(loyalty)"에는 의문의 여지가 있었다(Ito 2013, 2). 특히 호아족의 대량 '탈출' 사태가 다른 소수민족들, 특히 북부지역의 다른 소수민족들로 확대될 여지도 있었다. 랑선 등 중국과 인접한 북부 국경지역의 소수민족들은 베트남보다 중국 남부지역에 더 많은 인구가 거주하고 있었다. 통일 이후 "사회주의 문화개조운동"이 광범위하게 펼쳐지면서, 소수민족의 전통 문화−특히 종교의례 등−와 생활방식에 대한 비판과 통제가 강력해지자 베트남 당−국가에 대한 불만이 축적되고 있던 시기이기도 하였다. 저지대에서 상업 활동을 펼치고 있던 북부 국경지역의 호아족의 경우에도 이미 수대에 걸쳐 이주하여 정착해 생활하고 있었으나 베트남과 중국관계의 악화가 낳은 공공연한 "차별적" 시선들은 견디기 어려웠다. 사실상 북부 국경지역의 소수민족들에게 "국경(biên giới)"이라는 민족국가적 영토 개념과 "조국방어(bảo vệ tổ quốc)"라는 애국주의적 선동은 낯선 것이기도 했다. 1945년 이래 북부지역에서 펼쳐진 사회주의 선전활동은 소수민족들의 "자기의식(self-consciousness)"을 역사적으로 "억압된 주체"로 재구성하는 것과 관련이 있었다. 그러나 사회주의 이념에 기초한 계급투쟁도 아닌, 당-국가 권력을 독점한 "낑족"과 "한족" 간의 정치적 갈등으로 인해 벌어진 전쟁에서 "국가를 위한 희생"을 요구받고, 심지어 "동족(同族)"과 전쟁을 벌어야 하는 상황은 소수민족 내에 회의주의적 시각을 부추기기에 충분했다.[21]

랑선 현지에서 호아(Hoa)족, 따이(Tày)족 그리고 자오(Dao)족을 만나 1979년 국경전쟁의 경험과 기억에 관한 인터뷰(Shim 2014)를 진행했을 때 그들은 당시의 상황을 생생하게 떠올렸다. 아버지가 프랑스와의 독립전쟁에 참여한 덕분에, 랑선의 당간부로 일하고 있던 호아족 남성은 전쟁이 발발하자 집과 재산을 뒤로하고 온가족과 함께 눙(Nùng)족 거주지인 산속으로 숨어들어 자신이 호아족임을 숨기고 살았다고 했다. 그는 함께 일하고 이웃으로 함께 생활하던 낑족들이 자신과 가족들을 "더러운 중국인"이라는 뜻의 "따우 크어(tàu khựa)"[22]로 부르며 차별하고 접촉을 피하던 상황을 여전히 생생하게 기억하고 있었다. 반면, 따이족 남성은 베트남 인민군

21 소수민족 출신 민족학자인 라반로(Lã Văn Lô 1980)는 따이족과 눙족이 중국과 같은 "침략자"에 맞서 싸울 정신력을 배양하기 위해서는 그들의 고전 문학작품의 인물들을 활용하여 현실을 설명하는 것이 필요하다는 주장을 펼치기도 하였다.

22 "따우 크어"의 기원에 대해서는 여러 설명이 있으나 가장 널리 통용되는 설명에 따르면, 베트남어에서 배를 의미하는 "따우(tàu)"는 중국 명나라 시대에 중국 남부의 중국인들이 배를 타고 베트남으로 대규모 이주를 해 왔다는 데 기원이 있고, 배를 타고 이주해 온 이들이 "더럽고 비위생적"인 생활을 했다고 해서 같은 지닌 단어 "크어(khựa)"가 덧붙여졌다고 한다. 오늘날 일상에서 호아족, 호아끼에우 혹은 중국인 모두를 싸잡아 비하하는 말로 쓰이고, 약칭으로 "따우"만을 쓰기도 한다.

에 입대해 참전하고, 제대 후 여전히 군복과 군모를 일상적으로 착용하며 생활하고 있었다. 최근 들어 그의 가족은 때때로 중국 쪽에 있는 따이족 마을로 건너가 일을 하다가 돌아오기도 하지만, 접경마을의 상황을 점검하고 당-국가의 요구가 있을 때 보고하는 역할을 수행하며 생활하고 있었다. 그의 집은 중국과 불과 1km도 떨어지지 않은 곳에 있어 성도(省都)인 랑선시보다는 오히려 중국이 더 가까운 산골짜기에 위치해 있었으나, 저지대에서 논농사를 지으며 낑족과도 친밀한 관계를 유지해 왔기에 "중국 군대의 침략"에 맞서는 것을 당연하게 받아들였다고 했다. 베트남과 중국을 가로지르는 산의 정상 가까이에 모여 사는 자오족의 경우에는, 전쟁이 벌어졌을 때 피난을 가지도 않았고 어느 편에도 서지 않았다고 했다. 그는 어느 날 중국군이 산을 넘어 몰려왔고, 포성과 총성이 밤낮으로 끊이지 않더니, 또 어느 날 그들이 떠나고 베트남군이 산에 올라왔다고 담담하게 기억했다. 지인이 아니면 집을 찾기도 힘든 험준한 산속에서 가족과 동족이 모여 생활하고 있는 토담집에는 베트남 국경수비대가 붙여 주고 갔다는 호치민의 사진과 베트남 국기가 장식되어 있었다. 초등학교 2학년때 "학교가 너무 멀어 그만 두었다"는 한 자오족 청년은 그나마 베트남 통신회사의 전파가 수신되는 위치의 벽 위에 못을 박아 전화기를 매달아 놓고 있었는데, 그 전화기의 벨소리는 "산 아래의 사람"이 넣어줬다는 호치민의 독립선언서 낭독 음성이었다.

랑선은 중국과의 전쟁이 발발하기 전까지, 능족, 따이족, 호아족, 자오족 등 소수민족이 인구의 대다수를 차지하고 있었고, 지금도 농족과 따이족이 전체 인구의 과반수 이상을 차지하고 있는 베트남 북부 국경지역의 성(tỉnh)이다. 그러나 1979년 전쟁은 세 번째로 다수민족이었던 호아족을 전체 인구의 1% 미만으로 감소시켰고, 대신 전쟁 전 10% 정도에 불과하던 낑족은 전쟁 참전과 국경 방어를 위해 모여든 낑족 군인들이 이주 정착하면서 대폭 증가하기 시작하여, 오늘날은 성 전체 인구의 30%에 이르고 있다. 이러한 인구경관의 변화는 소수민족들 사이의 상호관계 재편과 새로운 권력관계 형성의 조건이 되었다. 역사적으로 형성된 문화적 친밀도는 농족과 따이족의 관계가 훨씬 가깝지만, 농족은 국경 너머 중국에 "광시 장족 자치구 (广西壮族自治区)"를 형성하고 있고, 역사적으로 한족들과 교류가 많아 호아족과 가까운 종족으로 간주되어 왔다. 농족의 경우에 비엣밍 세력에 저항했던 역사도 있기에, 중국과의 국경전쟁 이후에는 그들의 민족정체성과 당-국가적 충성도는 상당히 큰 의심을 받게 되었다. 반면 따이족은 낑족의 가장 가까운 "동생(em)" 민족으로 간주되고 있고, 많은 이들이 랑선 시내로 이주하여 당-국가 기관에 상당수 참여하고 있다. 자오족의 경우 랑선성 박물관의 한 연구원은 "사실상 중국의 소수민족으로 간주하는 것이 맞다"는 입장을 내놓기도 했는데, 그러한 입장의 근거로 랑선성 지역 내 자오족 수가 많지 않을 뿐더러, 베트남 "공민"으로의 "동화"를 지속적으로 거부하며, 여전히 소수가 깊은 산악지역에서 화전을 일구며 전통적인 방식으로 고립된 채 생활하고 있다는 점을 들었다.

사진 1 2009년 2월 28일 촬영. 자오족 집 내부
(Xã Xuất Lễ, Huyện Cao Lộc, Lạng Sơn)

사진 2 2009년 2월 28일 촬영. 자오족 가족
(Xã Xuất Lễ, Huyện Cao Lộc, Lạng Sơn)

1979년에 발발했던 전쟁은 1988년까지 10여 년 동안, 북부 국경지역을 "전쟁상태"에서 벗어나지 못하게 했다는 사실에 주목할 필요가 있다. 1989년 중국에서 천안문 항쟁이 발생하고 같은 해 말 베트남군이 캄보디아에서 철수할 때까지, 베트남과 중국의 관계는 여전히 적대적 관계에 머물러 있었다. 북부 국경지역에는 수많은 지뢰가 매설되어 있었고, 양측 간에 포격전이 벌어지며 지속적인 심리전이 펼쳐지는 전장상태로 남아있었다. 1986년 "도이머이" 정책을 베트남에서의 "냉전체제" 종식으로 바라보는 일반적 관점은 이러한 북부 국경지역의 상황과 소수민족의 경험을 배제하고 있고, "냉전체제" 내의 또 다른 "열전(hot war)" 상태가 결과한 복잡한 상황을 간과한다는 점에서 한계가 있다.

베트남 북부 소수민족은 국경지역 방어를 위해 전례 없이 강력하게 정치-문화적으로 동원되었고, "변경인"으로서 끊임없는 감시와 통제의 대상으로 남아 있었다. 사실상 "도이머이"시대를 맞은 북부 국경지역 소수민족들의 첫 변화는 그들 중 상당히 많은 수가 상대적으로 느슨해진 인구 통제를 벗어나, 중부의 고원지대로 이주했다는 점이다. 오랫동안 "사이에 끼어있던" 상태였던 소수민족들은, "자본주의적 열망"이 범람하며 밀수가 횡행하고 상품과 자본의 가치로 채색되던 국경지역을 떠나, 보다 더 "안정적인 삶"의 터전을 찾아 산맥을 타고 남쪽으로 이주하기 시작했다. 민족-국가적 통치를 벗어난 이들의 이주는 전통적 삶의 경계와 국가적 인구 통제를 넘어선 "초국성"의 발현이었다.

통일과 국경전쟁이 북부 소수민족의 삶에 끼친 영향을 이해하는 데 있어서, 전쟁이 아직 한창이던 1979년 3월 2일 공식 확정 발표된 "베트남 전체 민족 구성 목록(Danh mục các thành phần dân tộc Việt Nam)"은 중요한 의미를 지닌다. 첫째, 이 목록은 앞 장에서 언급했던 1960년 인구 조사 이후 지속되어 온 소수민족에 관한 분류체계가 법제적으로 확정되었다는 의미가 있으며, 같은 해 실시된 인구 조사 부터 곧바로 적용되었고 현재까지도 변경없이 사용되고 있는 분류체계라는 점이다. 이 목록의 확정에 따라, 베트남은 54개의 민족(53개의 소수민족)으로 구성된 국가로 공식 선언되었다. 둘째, 이 법제화된 민족분류체계에 따라 소수민족 명칭들이 역사적으로 형성된 "차별적 언어"로부터 벗어나게 되었을 뿐 아니라, 봉건시대와 프랑스 식민지의 유산 및 중국의 분류체계와 차별되는 "베트남의 분류체계"가 제시되었다(Ito 2013, 30). 예를 들어, 흐몽(H'Mông)족은 고양이라는 뜻을 지닌 메오(Mèo)로 불리지 않게 되었고 중국의 분류체계가 유지하고 있는 묘족과도 거리를 두게 되었다. 소수민족 상호간의 차별적 명칭도 배제되었는데, 예컨대 타이족이 다른 '소수'민족에 대해 사용해 왔던 노예를 의미하는 사(Xá)도 배제되었다. 야만인을 의미하는 만(Mán)과 모이(Mọi) 등도 더 이상 사용하지 않게 되었다. 마지막으로 이 목록은 "자치구" 형성을 통한 정책, 다시 말해 지역적 토착성과 소수민족 정체성을 결합하여 정치적 자율성과 결정권을 보장하는 정책으로부터 벗어나, 인구 중심의 분류체계를 통해 정체성을 부여하려는 시도였다. 통일과 더불어 곧바로 해체된(giải thể) 자치구들을 대신할 "호명체계"의 마련이 매우 중요해진 상황에서 "민족구성 목록"의 확정은 베트남의 소수민족 정책의 전환을 의미하는 것이었다.

전쟁이 한창인 시기 발표된 "민족구성 목록"은, 북부지역에 거주하던 거의 대부분의 호아족이 중국으로 떠나버린 상황(Banister 1985)과 전쟁 전후로 상당수 소수민족 또한 중국으로 이주할 가능성이 있는 상황에서 발표된 것이었다. 따라서 민족구성 목록을 통해 "소수민족을 호명(interpellate)"하는 것은 그들이 베트남 민족을 구성하고 있으며 베트남 당-국가의 통치를 받는 거주민임을 선언하는 것이었다(Ito 2013, 42).[23] 1979년 베트남과 중국의 전쟁을 사회주의 형제국가 간의 반목과 정치적 이해의 충돌 그리고 중국의 탈사회주의화가 낳은 냉전체제의 붕괴로 설명하는 입장들도 있지만, 두 사회주의 국가들 간의 전쟁은 호아족과 북부 국경지역 소수민족 등, "사람들"을 두고 벌어진 전쟁이기도 했다.

종전이나 휴전선언 없이 중국 인민해방군이 베트남 북부지역에서 철수하면서 전투가 중단된 후[24] 실시된 1979년의 인구 총 조

23 Ito(2013)는 베트남의 "전 민족 구성 목록(Danh mục các thành phần dân tộc Việt Nam)"의 발표가 전후시기에 이루어졌다고 쓰고 있는데, 이것은 역사적 사실관계에 관한 착오로 보인다. 그러나 그가 언급한 "목록"공표가 전쟁 중 특별한 정치적 효과를 만들어 냈다는 것은 분명해 보인다.

24 베트남은 베트남의 승리를, 중국은 자국의 승리를 선언하며 철수하는 것으로 직접적인 전투는 중단되었다(Shim 2014).

사(tổng điều tra dân số)는 최초의 전국적 조사[25]로 교육 및 생활수준과 직업 등 생활조건 전반까지도 확인하고자 하는 조사였다. 이후 베트남은 매 10년 단위로 전국적인 총조사를 진행하고 있다. 이 총조사의 통계자료 결과는 한편에서는 소수민족들에게 평등한 기회를 제공하며 당–정부의 지원정책 마련의 근거로 기능하여 긍정적인 효과를 가져올 것이 기대되기도 하였다. 그러나 다른 한편에서는, "낙후지역"과 "낙후민"이라는 범주를 통계적으로 일반화하고 권력의 개입과 통치를 정당화하는 근거로 활용되기도 하였다. 통일 이후 전국화 되어 1990년대 후반까지 당–국가가 주로 저지대 혹은 도시 거주민들을[26] 고산지대나 국경의 오지 혹은 소수민족 거주지로 이주시켰던 "신경제지구 건설(Xây dựng các vùng kinh tế mới)" 정책 또한 이러한 통계조사들과 밀접한 연관 속에서 진행되었다.

"국경전쟁" 이후 공표된 1980년 베트남 사회주의 공화국의 헌법 제5조는 베트남 내 민족들과 국가의 새로운 관계를 규정하고 있다. 그 내용을 보면, "국가는 문화와 경제발전의 수준에 관해 각 민족들 사이의 격차(chênh lệnh)를 점차적으로(từng bước) 제거할 계획을 세운다"고 명시되어 있다. 1959년의 헌법에서는 국가의 역할이 "조력(giúp đỡ)"이었던 것을 감안하면 매우 적극적인 "개입"과 "관여"

---

25 북베트남 지역에서는 1974년, 그리고 남베트남 지역에서는 1976년 인구 조사가 진행되었으나 전국적인 총 조사는 없었다.

26 통일 이후 남베트남 지역에서는 중국계(gốc Hoa)이거나 천주교를 믿는 사람들을 정치적으로 "강제이주"시키기도 했다.

를 선언한 것이라고 할 수 있다. 특히 "문화 경제적 격차 해소"를 국가 과제로 삼은 것은 역설적으로 "격차"를 존재적으로 설정하고 있다는 것을 반증한다. 소수민족은 문화적 경제적 낙후성을 지닌 상태에 놓여 있다고 판단되는 존재이고, 따라서 사회주의적 발전계획 내에서 격차를 해소하는 것을 통해 "평등"을 실현한다는 의미를 내포하고 있는 것이다. 이러한 '사회주의 정책 노선'의 선언은 불과 6년 뒤, "격차 증대"를 필연적으로 발생시키는 자본주의 시장경제화가 결정되면서 또 다른 전기를 맞게 되었다.

통일과 국경전쟁은 다시금 북부 소수민족의 삶과 정체성을 뒤흔든 사건이었다. 사회주의적 국제주의와 소수민족 자치권에 대한 옹호를 대신해, 그들의 삶에 민족-국가적 영토성과 애국주의에 바탕을 둔 경계를 설정하려는 시도는 결과적으로 상이한 조건에 놓인 동족에 대한 인식을 통해 "초국성"에 대한 자기 인식을 강화하였다. 국경과 공민권 개념의 강화에 기반을 둔 소수민족 정책들은 인구학적이며 문화적인 초국성을 제거하는 것을 목표로 하는 것이었다. 당-국가에 의해 확정된 민족분류체계는 같은 민족이나 국경으로 나누어 다른 명칭으로 호명되며, 제시된 분류체계 안에서만 소수민족이 스스로의 정체성에 답하게 만드는, 자기인식 통제의 그물망으로 작동하였다. 사회주의 민족국가 건설을 위해서 소수민족들에게는 "표준적" 행동들이 요구되었다. "미신들"은 제거되어야 하고, "낭비적(wasteful)"인 의례들은 억제되어야 하며, "봉건적(feudal)" 가족유형들은 해체되어야 하는데, 이러한 정책들을 통해 소수민족들은 그들의 자율성으로부터 벗어나 국가적인 관점을 따라 과거로부터 멀어질 것을 요구받았다(Pelly 2002: 70). 다시 말해 소수민족은 사회주의적 근대성에 기반한 "표준적 관점"에서 "격차"를 지닌 민족으로, 그러므로 다수민족인 낑족과 유사한 수준의 문화와 경제 수준을 국가의 지원 속에서 획득해야 할 민족적 주체로 설정되었다.

IV. '탈냉전'과 신자유시대의 소수민족

사회주의 경제정책의 잇따른 실패, 캄보디아 침공과 아시아의 가장 강력한 사회주의 국가였던 중국과의 전쟁 여파, COMECON(The Council for Mutual Economic Assistance; 경제상호원조회의)[27] 회원국들인 동구권 사회주의 국가들이 경제 침체를 겪으며 베트남에 대한 원조가 감소된 상황 등은 베트남 사회를 심각한 위기로 몰아넣었다. 1985년 소련의 새 서기장 미하일 고르바초프(Mikhail Grobachev)가 시장경제를 받아들이는 "페레스트로이카(Perestroika)" 정책을 추진하자 베트남 공산당에도 본격적인 변화의 물결이 일어나기 시작했다. 1986년 "베트남의 스탈린"으로 평가받는

27 베트남은 1978년 COMECON에 정식 가입했다. 베트남의 COMECON 가입은 베트남이 "친소노선"을 분명히 드러낸 사건으로 중국이 베트남에 대한 직접적인 견제에 나서게 되는 계기가 되었다.

당서기장 레 주언(LêDuẩn)이 사망하고, 같은 해 12월 열린 제6차 베트남 공산당 당대회에서 "도이머이(Đổi Mới)" 정책이 채택되었다. 계획경제와 집단 배급경제 체제를 버리고, 시장–상품중심 경제체제로 이행할 것을 주요 골자로 하는 "도이머이"는, 그러나 그 실질적인 추진에 있어서 많은 난관에 직면하였다. 고르바초프는 1987년 소련을 방문한 베트남 공산당 대표단에게 개혁에 자본주의 국가들과의 통상관계를 포함하라고 조언하였으나, 베트남은 "사회주의 동지" 중국과도 여전히 "전쟁 중"인 상황이었다. 1988년 "쯔엉 사 군도(Quần đảo Trường Sa; 南沙群島)"에서 벌어진 해전은 베트남과 중국의 관계 개선이 쉽지 않다는 것을 상징적으로 보여 준 사건이었다.

베트남과 중국 간의 군사적 대치상태 속에 놓인 북부의 소수민족들의 상황은 점점 더 악화되었다. 극심한 경제 침체의 영향은 기본적인 "전후 복구"마저 어렵게 했고, 국경 지역과 소수민족에 대한 정치–이념적인 통제는 점점 더 강화되기까지 하였다. 80년대 중반 이후 베트남 당–정부가 변경에 대한 통제력을 이완시킬 때마다, 지방 정부의 허가를 받지 않은 소수민족의 대규모 "자유 이주(di cư tự do)"가 발생했던 것은 당–국가의 통제에 대한 소수민족의 자구적 대응이자 국가적 통제를 초월한 "유연성(flexivity)"에 기초한 정체성의 재활성화로 이해할 수 있다.

"도이머이" 정책의 채택은, 최소한 당시에는 북부 소수민족들의 상황을 더욱 악화시키는 것이었다. 1980년 헌법에서 당–국가가 소수민족 삶의 격차 해소에 나설 것을 천명하였으나 실제로 집행된 구체적 소수민족 지원 정책은 거의 없다시피 한 상황이었다. 또한 사회주의 농업집단화 정책은 소수민족이 전통적으로 행해 오던 생계방식마저도 포기하게 만드는 결과를 낳았고, 어느 랑선성의 소수민족의 자조처럼 사실상 아무것도 가진 것이 없고 할 수 있는 것이 없는 "진정한 의미의 무산자(vô sản)"가 되었다. "도이머이" 정책은 그나마 선언적인 이념형으로 명맥을 유지하던 소수민족에 대한 당-국가의 특별한 관심마저도 거두게 하는 것이었다. 새로운 경제정책의 주된 관심은 저지대의 산업화와 시장-상품 경제 활성화에 맞춰져 있었고, 그 수혜자는 대체로 다수종족인 낑족이었다.

"도이머이" 정책이 채택된 지 얼마 지나지 않은 1988년 베트남의 북부 19개 성에 대기근 사태가 벌어졌고, 베트남은 COMECON이 아닌 "국제연합(the United Nations)"에 공식적으로 긴급 원조를 요청하였다. 북부 소수민족이 당-국가를 넘어 "국제사회의 원조 대상"이 된 것은, 소수민족 문제가 "초국적 관심"의 대상이 되었다는 것을 의미하기도 했다. 사회주의 국가들에서 잇단 정치적 격변들이 발생하고, 직접적으로 소련에서 민족독립 시위가 격해져 가는 상황은, 베트남 당-국가에게도 부담스러운 상황이었다. 당-국가가 "평등"에 대한 이데올로기적 선언을 통해 소수민족의 지지를 얻어내기에는 한계가 있었다. 베트남 정부는 소수민족이 처한 상황과 문제를 심각하게 받아들이고 대책을 마련하려는 시도를 시작했다.

1989년 말 당중앙위원회의 "산간지역의 경제–사회 발전에 관한 주요 정책 방침들에 관한 의결(Nghị quyết về một số chú trương, chính sách lớn phát triển kinh tế-xã hội miền núi; Số22/NQ-TW 1989. 11. 27)"은 "도이머이" 추진 과정에서 발생한 긴박한 상황에서 나온 것이었다. 사실상 당–국가가 소수민족 주요 거주지인 산악지역에서 거의 모든 정책에 실패하고 있음을 인정한 이 의결서는 세 개의 특별한 제안을 담고 있었다. 첫째는 "대외 경제 활성화"에 관한 제안이다. 산간지역 발전을 위해 외국인 투자를 적극 유치할 것을 명시적으로 제안하고, 특별히 "국내와 국외 여행객을 유치하기 위해 여행지를 보수하고 건설할 것"을 제안하고 있다. 둘째, "가족중심 경제(kinh tế hộ gia đình)"가 "적합(thích hợp)"하니 적극 지원하라는 내용을 담고 있다. 마지막으로 시장–상품 경제와 산업화에 앞서가고 있는 저지대(miền xuôi) 사람들과 조직들이 적극적으로 "산간지대"의 발전에 나서라는 제안을 하고 있다.

이러한 정책 제안이 구체적으로 실행되기 시작하면서, 먼저 소수민족 거주지에 대한 관광업이 활기를 띠고 발전하게 되었다. 다수민족인 낑족과 외국 자본이 관광업에 투자하자 "저지대 사람들(người xuôi)"이 소수민족 거주지로 몰려 왔다. 소수민족 거주지는 "피서"와 "휴양"지로 인식되기 시작했고, 개발에 따라 공간적 경관들도 변화하게 되었다. 산간지역에서 펼쳐진 관광개발 정책은, 사실상 소수민족들의 삶의 질을 향상시키는 것보다는 그들과 그들의 주거지를 "상품화(commodification)"하는 것이었다. 또한, 소수민족은 한때 “낙후된” 생산양식으로 비판받던 “가족중심 경제”로 회귀하게 되었다. 농업집단화가 가져온 폐해의 대안으로 제시된 “친족생산양식”은 소수민족에게는 적합했을 수 있겠으나, 이미 시작되고 있던 베트남 사회의 자본주의 경제체제로의 전환과정으로부터 멀어지는 것이었다. 이러한 회귀는 “도이머이”시대에 산업화와 시장에 대한 소수민족의 접근성을 약화시키는 효과를 낳기도 하였다.

랑선의 한 소수민족은 “그래도 그때(주-도이머이 이전)는 모두 다 못 먹고 평등하게 가난하긴 했다”는 농담으로 “도이머이” 이후 현격하게 커진 격차를 비판했다. 사실상 “도이머이” 정책은, 당–국가가 “평등의 가치”를 수정하고 “민족–국가 경제발전”이라는 목표를 세움으로써 지역과 민족 간의 “격차 발생”이 불가피한 상황을 만들어 내는 것이었다. 북부 국경지역 소수민족들은 1980년대 말부터 중국으로부터 들어오는 상품을 구하기 위해 전국에서 몰려드는 낑족들과 조우했다. 화장지, 칫솔부터 자동차와 마약까지 국경지역의 시장들은 “없는 것 빼곤 다 있는” 공간으로 기능하였다. 소수민족들의 전통시장에도 물건을 팔러 오는 낑족과 중국인들, 그리고 관광객이 넘쳐나기 시작했다. 산악지대에 최적화된 “소련제” 오토바이 민스크(Minsk)가 굉음을 내고 산비탈을 오르내리고, 텔레비전과 중국산 DVD 플레이어가 산속 깊은 곳까지 퍼져 나가기 시작했다. 자본주의적 소비 욕망은 당중앙위원회가 제안했던 “가족중심 경제”로는 감당이 안 되는 것이었고, 소수민족의 젊은이들은 저지대와 도시로 때로는 국경을 넘나들며 “임노동”에 나서기 시작했다. 빈부 격차는 1989년 당-국가가 우려했던 상황보다 더 훨씬 심각해지기 시작했다. 구조적인 측면에서도 소수민족의 낮은 공교육 수준과 높은 '베트남어' 문맹률은 자본주의적으로 일반화된 "노동시장"에서 경쟁력을 갖기 어려운 것이었다. 결국 도시로 이주했던 소수민족들 중 일자리를 찾지 못하거나 열악한 노동조건 하에 내몰리던 일부는 다시 산간지역과 국경지역으로 되돌아와야만 했다.

베트남의 정치적 관점에서 "냉전시대의 종식"은 두 "적국"과의 관계정상화와 맞물려 있었다. 1991년 급속히 추진된 국교 회복 결정으로 "적국" 중국은 급작스레 다시 "동지"가 되었다. 전쟁을 경험한 두 나라 국민 모두 어안이 벙벙한 상황이었으나, 베트남과 중국은 "과거사"에 관한 언급 없이 관계정상화를 발표했다. 1996년 "적국" 미국과의 수교는 베트남이 적어도 표면적으로는 "탈냉전시대 세계질서"에 편입된 사건으로 볼 수 있다. 그러나 곧바로 불어닥친 1997년 아시아 경제위기는 베트남 사회를 또다시 위기로 몰아넣었는데, 이전과 차이가 있다면 이번 위기는 자본주의적 세계체제 내에서 "생존"의 위기였다는 점이다.

1998년부터 추진된 이른바 "135 프로그램(Chương trình 135)[28]"

---

28 본래의 명칭은 "어려움을 겪고 있는 특별한 오지, 벽지, 산지의 경제 사회 발전 프로그램(Chương trình phát triển kinh tế xã hội các xã đặc biệt khó khăn miền núi, vùng sâu, vùng xa)"이다. 그러나 이 프로그램을 총리가 승인한 결정문(quyết định)의 문서 번호가 "135번(số135/1998/QĐ-TTg, 1998. 7. 31.)"이었다. 특수 빈곤지역에서 사업이 추진되었고, 주로 소수민족들에게 사업을 설명하는 과정에서 "135프로그램"혹은 "135"라는 명칭은 "상표(thương hiệu)"가 되었다. 자세한 내용은 "'135'라는 이름의 상표(Thương hiệu mang

은 베트남 전역의 특수 빈곤지역에서 진행된 빈곤 퇴치와 생산장려 운동이자 도로를 정비하는 등 마을 개조 운동이기도 했고, 전통종교나 "폐습"을 척결하고 교육을 장려하는 사회문화운동이기도 했다. 저개발 빈곤상태에 놓인 성들의 마을(xã)과 가구(hộ)를 사업의 구체적 목표로 선정해 분류하고 집중적으로 사업을 진행하였는데, 대부분 산간지대와 국경지대의 소수민족 거주지가 대상이었다. 이 "135" 사업은 베트남 정부가 "자본주의적인 방식"으로 소수민족의 삶에 구체적으로 개입하고, 경제적·기술적 지원을 통해 "표준화"된 삶의 모델을 훈육시키고자 했다는 점에서 특별한 의미를 지닌다. 또한 정부가 장기간 동안 "개발자금"을 직접 투여하는 방식으로 "경제부양"을 시도한 것이었기에, 시장경제와 자본주의적 사회 질서와 떨어져 고립된 생활을 하던 수많은 소수민족 마을들이 직접적으로 영향을 받았다. 일부지역에서 성과가 없었던 것은 아니었으나, "사업 대상자" 선정 과정과 "기금 분배" 과정을 담당하는 지역의 당-국가 권력이 물신화되고, 과거 냉전시대의 인위적인 집단화를 대신해 마을 내부의 집중화가 발생하였고, 이로 인해 "오지, 벽지, 산지와 국경지역"의 소수민족 사회까지 신자유주의적인 자본주의 질서가 이식되는 결과를 낳기도 하였다. "135"사업이 개시될 때는 2차에 걸쳐 사업을 추진할 계획이었으나, 소수민족에 대한 "빈곤 퇴치"와 "생활 개선"사업의 우수사례로 평가되어 현재까지도 지속되고 있는 중이다.

---

tên "135")" 참조. http://chuongtrinh135.vn/Tin-Hoat-Dong/NewsId/3029/PageView/Thuong-hieu-mang-ten-%E2%80%9C135%E2%80%9D(검색일: 2017. 4. 30.)

세계은행(The World Bank, 2009)은 베트남 정부의 "135"사업을 위시한 기아와 빈곤 감소 프로그램을 "성공담"으로 평가하고 자체 연구를 진행한 바 있다. 세계은행은 베트남의 '성공담'에 가려진 소수민족들의 상태에 관심을 가졌는데, 특히 그들이 왜 다수민족인 낑족보다 뒤처져 있고, 여러 개발사업이 소수민족 거주지보다는 낑족 거주지에서 더 성공적이었는가와 같은 질문을 통해 조사연구를 진행하였다. 이러한 문제 설정은 탈냉전적 세계질서 내에서 베트남의 소수민족들이 처한 조건을 이해하는 데 일정한 시사점을 준다. 세계은행은 사업이 진행되었던 24개 마을에 대한 구체적인 조사를 통해 〈표 1〉과 같은 결과를 내놓았다.

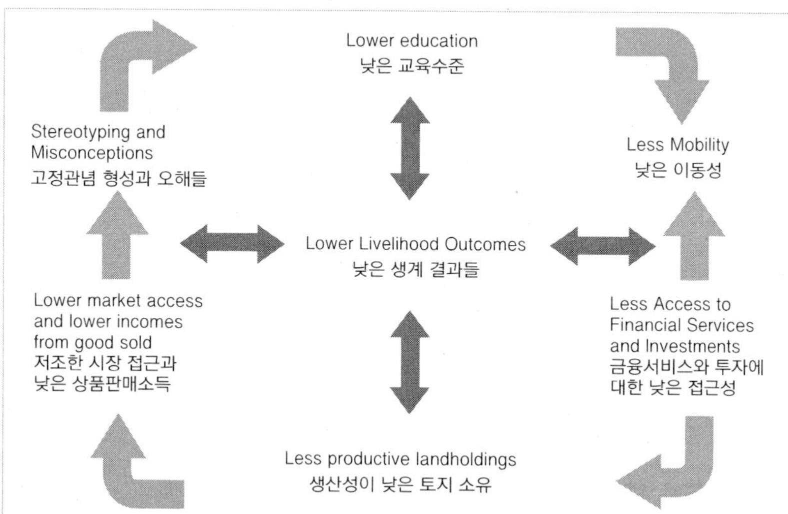

표 1 "어떻게 낑족과 소수민족들의 차이가 약점이 되는가?"
(How Differences Between Kinh and Minorities Become Disadvantages?; The World Bank 2009, 24; 번역 추가)

북부 소수민족들의 상황도 세계은행 보고서가 〈표 1〉을 통해 제시하는 여러 구조적 문제들의 상관관계에서 크게 벗어나 있지는 않다. 또한 이 구조적 순환을 극복하기 위한 대안들은 세계은행이 제시한 내용들에 상당부분 포함되어 있다. 예를 들어, 교육문제의 경우 유아교육 등 기초교육의 기회를 소수민족 거주지에 제공하고, 소수민족 언어를 상용어로 포함하는 이중언어(bilingual) 교육을 확대하는 것이 한 방법이 될 수 있다. 거주 이전의 균등한 기회를 보장하고, "신용 거래" 기회를 확대하며, 소수민족에게 보다 유연한 "토지법" 적용과 농업생산에서 더 나은 사회적 모델을 제공하는 것도 의미가 있을 것이다. 단순히 시장을 지어주는 것이 아니라 소수민족의 "가치체인(value chain)"을 지원하는 것도 중요하다. 당-정부 관료가 주도하는 것이 아닌 소수민족의 목소리를 강화시키고 그들이 스스로 문제 해결에 나설 수 있는 조직들을 지원하는 것도 필요한 일이다. 소수민족을 대상화 하지 않고, 문화적 차이를 이해하고 배려하며 "포함시키는(inclusion)" 정책이 필요하다는 주장은 매우 중요한 지적이기도 하다.

그러나 세계은행과 같은 "초국적 행위자"의 소수민족에 대한 관심과 조언에도 불구하고, 현실은 크게 변하고 있지 않다. 베트남 민족위원회의 2015년 보고에 따르면, 소수민족들 중 약 36만 가구가 토지와 집을 소유하고 있지 못하다. 그들은 베트남 전체 빈곤층 중 84.7%를 차지하고 있고, 그들 중 45.1%가 임시 주거지에서 생활하고 있으며 70%가 생활용수를 제공받지 못하고, 83.5%가 전력공급을 받지 못하고 있다. 이러한 상황에서 수만 명의 소수민족이 경제적인 이유로 북부 산악지역을 떠나 "자유이주(di cư tự do)"를 하고 있는 실정이다.[29] 소수민족 공동체는 이미 급속하게 해체되고 있는 상황이고 베트남 당-국가가 추진하고 있는 자본주의적 개발프로그램의 혜택으로부터 멀어져 있다.

베트남 북부 라오까이(Lào Cai)와 라이쩌우(Lai Châu)성에는 낑족이 몰려와 "청정지역"에서 고가의 화초를 재배하는 농원과 연어양식장 등을 만들고 있다. 2016년 겨울 현지조사에서 만난 마을의 간부들과 함께 한 식사자리에서 한 당간부는 연어회를 "지역 특산품"으로 자랑스레 소개했다. 2000년대 들어 북부지역에서 가장 주목 받는 관광지 중 하나가 된 사파(Sa Pa)는 몰려드는 낑족 관광객들을 맞이하는 가라오케와 마사지 업소들로 중심가가 채워진 지 오래이다. 외국인 관광객들이 찾는 소수민족 마을에는 "베트남어는 못하지만 영어는 할 줄 아는" 소수민족들이 가이드로 일하거나 기념품 판매에 나서고 있다. 2016년 여름과 겨울에 방문했던 랑선성에서는 늘어난 은행들이 소수민족들에게 경쟁적으로 신용대출을 해주느라 성 전체가 들썩이고 있었다. 은행들은 지역에서 한 번도 생산된 적이 없고, 재배해 본 경험도 없는 마카다미아(macadamia)를 산에 심는 조건으로 장기저리로 돈을 빌려 주는 대출상품을 홍보

29 VnEconomy, "민족위원회는 민족부가 되길 희망한다.(Ủy ban Dân tộc muốn thành Bộ Dân tộc)" http://vneconomy.vn/thoi-su/uy-ban-dan-toc-muon-thanh-bo-dan-toc-20150312103836645.htm(검색일: 2015. 3. 13.)

하고 있었다. 지역간부들과 은행들은 현지 임업의 저생산성과 임산물의 저부가가치 문제를 극복할 수 있는 매력적인 프로그램으로 선전하고 있었으나, 상당수 현지인들은 묘목이 자라는 데 필요한 5년에서 10년의 시간이 지난 후에 "시장"이 어떻게 될지 아무도 예측할 수 없을 뿐 아니라, 그 시간을 기다리며 이자를 내고 있을 만큼의 경제적 여유도 없다며 회의적인 반응을 보였다. 랑선지역에 거주하는 자오(Dao)족의 대표적 전통주인 "머우선(Mẫu Sơn)"은 어느 틈에 낑족 사업가가 만든 "머우선 정상(Mẫu Sơn Đỉnh)"이란 상품에 자리를 내주고 시장에서 밀려나고 있었다. 머우선 산의 정상에 모여 생활하며, 전통적인 방식으로 술을 빚어 팔던 자오족들은 비위생적인 방식으로 검증할 수 없는 상품을 만들어 파는 사람들로 비난 받기까지 했다.

신자유주의적인 질서에 잠식당하는 소수민족의 삶의 한편에서는, 지역의 당-정부에 의한 "소수민족 문화 재활운동"도 펼쳐지고 있다. 중국과의 국경전쟁 이후 한동안 흔적을 찾기도 어려웠던 호아족의 전통 축제들이 다시 지역의 대표적 축제가 되는가 하면, 한때 "미신"이자 "악습"이며 "낭비적"인 구태라며 비난하던 소수민족들의 축제와 의례들을 관광 상품화 하는 데 지역정부가 앞장서고 있다. 사회주의 정책과 국경전쟁의 여파로 "민족적 동화(同化)"를 강력하게 요구받아오던 북부 소수민족들은 다시 "민족정체성의 차이"를 되살려 낼 것을 국가로부터 요구받고 있는 상황이다. 이러한 소수민족 문화의 재활은 당-국가의 관할 하에 선별적으로 진행되며,

상품화를 통한 소비를 목표로 소수민족의 "자기의식"이나 전통과는 대체로 무관하게 진행되고 있는 실정이다.

북부 소수민족들을 탈냉전시대 신자유주의적 세계질서로 편입시키기 위한 여러 주체들의 다양한 시도 속에서 "국민"과 "민족 정체성"의 모순이 심화되는 양상이 펼쳐지고 있다. 북부 소수민족들은 다시 "열린 국경"을 통해, 흩어져 있고 분리되었던 집단적 정체성을 재구성하기도 한다. 랑선 국경지역의 따이, 눙 그리고 자오족들은 이미 낑족이 "다수"를 이루고 있는 도시의 시장을 찾기보다는 국경의 건너편에 있는 "동족 마을"의 시장을 더 빈번하게 찾는다. 소수민족 거주지인 국경 산간지역까지 서비스지역을 확대한 인터넷 서비스는, 소수민족 온라인 커뮤니티들을 활성화해 그들의 언어로 정보를 교환하며 정체성을 공유하는 수단으로도 활용되고 있다. 베트남 통신회사와 중국 통신회사의 심카드(sim card)를 모두 사용하는 사람들을 찾는 것도 어려운 일이 아니다. 지역의 당–정부 간부들은 소수민족이 세상의 변화를 거부하는 "낙후된 정신세계"를 지니고 있다며 힐난하지만, 소수민족들은 정작 낙후된 것은 "국경 너머보다 뒤처진 당–국가"라고 응수하기도 한다.

탈냉전시대의 신자유주의 체제는 "민족정체성"에 들러붙은 "소수"라는 인구학적 수사를 존재적 조건으로 문제화하는 경향이 있다. 다시 말해 당–국가는 "소수민족"을 정체성의 관점에서 접근하기보다는 민족–국가의 다수적 "표준"과의 차이 속에서 규정하고,

전유가능성 속에서 인식한다. "135"사업의 대상이 된 지역과 가구들은 "민족정체성"에 관한 관념 속에서 설정되었던 것이 아니라 통계적 지표를 바탕으로 선정되었다. 세계은행과 같은 국제기구들은 소수민족의 "자발적 참여"에 관심을 기울이지만, 다수와 비교했을 때 뒤처진 것으로 간주되는 "차이"를 어떻게 극복할 것인가에 주된 관심을 기울이고 있다는 점에서 유사한 목표를 지니고 있다고 볼 수 있다. 다시 말해, 어떻게 신자유주의적 질서 내로 소수민족을 포섭할 것인가를 두고 경합하고 있는 것이다.

IV. 글을 마치며 – 초국적 통치성과 '소수'민족

앞선 장들을 통해 베트남의 북부 소수민족이 탈식민주의와 사회주의적 질서로 편입되는 과정과 '탈냉전'시대 신자유주의 질서로의 재편 속에서 정치적 포섭의 대상으로 지속적으로 전유되었던 역사를 살펴보았다.

베트남 당–국가는 탈식민 사회주의 민족–국가 건설과정에서 북부소수민족의 지지를 끌어내고자 시도하며, 민족–국가의 경계 내에서 포괄하려는 정치적 기획들을 펼쳐 왔다. 전쟁으로 점철된 "압축적 탈식민화와 사회주의적 냉전의 경험"은 북부 소수민족의 삶을 "대변자"들의 목소리와 "인구학적 분류체계" 속에 경계 짓고, 주변적인 위치에 배치하였다. 그리고 탈냉전 시대의 신자유주의 체제는 삶과 정체성에 대한 "수준측량(levelling)"을 통해 경제적 삶의 "평탄화(flattening)" 전략 내부로 포섭하려는 시도를 지속하고 있다.

사회주의적 "소수민족정책"을 이데올로기에 기반을 둔 냉전 시대 "초국적 통치성(governmentality)"의 한 사례라고 본다면, 오늘날 탈냉전시대 신자유주의적 체제는 경제적 삶의 질을 표준화하는 것을 통해 소수민족에 대한 통치성을 구성하고 있다. "낙후성"과 "퇴행성"의 기표를 소수민족의 삶에 지속적으로 기입하는 방식으로 실행되는 이 통치성의 형식들은 민족국가 체제와 그것을 기반으로 한 세계체제 내에서 소수민족을 "예외적 상태"로 규정하려고 시도한다. 그리고 그 예외성에 대한 전유를 통해 권력은 현현(顯顯)을 모색한다.

오늘날 베트남 북부 소수민족의 삶에 대한 권력의 전유과정에 대한 이해와 비판적 관점을 수립하려는 시도는, 한편에서는 "소수민족 정책"으로 표현되는 다양성과 이질성에 대한 권력의 통치성이 변화하는 과정을 통해 베트남 사회를 이해하는 것과 맞닿아 있다. 당-국가는 소수민족에 대한 포괄(encompassment)을 통해 그들의 정치적 정당성을 강화시켜 왔다. 또한 베트남의 다수민족인 낑족의 "민족-국가"적 대표성은 소수민족에 대한 끊임없는 정치적 전유를 통해 구성된 것이다. 다른 한편에서, 오늘날 삶의 일반적인 조건으로 간주되는 "초국성"의 예외상태에 놓인 삶으로써 소수민족을 이해하는 것이 필요하다. 소수민족은 그 외적 관계의 상대성으로 규정되는 개념이다. 다시 말해, 민족으로 상상되는 인구학적 다양성에 대한 분류체계가 "소수"를 지속적으로 생산하고 있다. 그러므로 민족-국가의 통치성을 벗어난 "초국성(trans-nationality)"이 실현되면, "소수"로서의 주변적 지위에서 벗어날 가능성을 획득한다. 민족-국가체제 내부에 존재하나 전유된 "초국주의(transnationalism)"의 존재적 표현으로써 소수민족을 바라보는 시각은 "민족-국가"체제의 일시성을 사고할 수 있는 가능성을 제공한다. 이러한 시각에서 본다면, 세계은행 보고서(2009)가 지적한 "낮은 이동성"과 "낮은 자본주의 시스템에의 접근성"도 초국성의 한 표현으로 해석할 수 있다. 또한 신자유주의적 '공모'를 통해 소수민족들을 끊임없이 "소수적" 기표로 재생산해 내는 권력의 기술들을 비판적으로 바라볼 수 있다.

이 연구는 베트남의 북부 소수민족의 삶 위에 겹쳐져 쓰여진 베트남 사회의 변화를 읽어내려는 시도로써, 또한 베트남의 사례를 통해 소수민족 연구의 새로운 관점들을 발전시키기 위한 하나의 시도이자 보다 다양하고 구체적인 사례 연구로 나아가기 위한 제안으로써 그 의의가 있다고 할 수 있다.

참고 문헌

Cao, Thượng Lương. 1985. "Về Nền Quốc phòng Toàn dân và Vấn đề Kinh tế Xã hội ở Các Tỉnh Biên giới phía Bắc" (전국민 국방기초와 북부 국경지역의 각 성들에서의 경제사회 문제들에 관하여) Ủy ban Khoa học Xã hội, eds. *Hội nghị Khoa học Xã hội lần thứ II Về Kinh tế Xã hội các Tỉnh miền núi phía Bắc*. Hà Nội: Ủy ban khoa học xã hội.

Châu, Hải. 1992. *Các Nhóm Cộng đồng Người Hoa ở Việt Nam*. (베트남의 호아인 공동체들) Hà Nội: Khoa học xã hội.

Hồ, Chí Minh. 2000. Hồ Chí Minh: Toàn Tập 3 (1930-1945). (호치민 전집 제3권) Hà Nội: Chính trị Quốc gia.

Lã, Văn Lô. 1980. "Tinh thần chống Xâm lược, trong Thơ Văn cổ của Đồng bào Tày – Nùng." (동포 따이 – 능의 고전 시문에서 침략을 막아내는 정신) Viện Dân tộc học, eds. *Sưu tập Dân tộc học 1979*. Hà Nội: Ủy ban khoa học xã hội Việt Nam.

Nguyễn, Văn Sửu, et al., eds, 2016. *Nhân Học ở Việt Nam*. (베트남에서의 인류학) Hà Nội: Tri Thức.

Viện Dân Tộc Học. 1980. *Sưu tập Dân tộc học 1979*. (1979년 민족학 모음) Hà Nội: Ủy ban khoa học xã hội Việt Nam.

Agamben, Giorgio. 2005. *State of Exception*. Chicago: University of

Chicago Press.

Anderson, Benedict R. O'G. 1991. *Imagined Communities: Reflections on the Origin and Spread of Nationalism*. London; New York: Verso.

Amer, Ramses. 1996. "Vietnam's Policies and the Ethnic Chinese since 1975." *Sojourn: Journal of Social Issues in Southeast Asia* 26(2):320–345.

Appadurai, Arjun. 2006. *Fear of small numbers: an Essay on the Geography of Anger*. Durham: Duke University Press.

Banister, Judith. 1985. *The Population of Vietnam*. U.S. Department of Commerce. Bureau of the Census.

Chang, Pao-min. 1982. "The Sino-Vietnamese Dispute over the Ethnic Chinese" *The China Quarterly* 90:195–230.

Đặng, Nghiêm Vạn. 1998. *Ethnological and Religious Problems in Vietnam*. Hà Nội: Social Sciences Pub. House.

Duiker, William J. 2000. *Ho Chi Minh*. New York: Hyperion.

Durkheim, Émile. 1965. *The Elementary Forms of the Religious Life*. New York: Free Press [1965, c1915].

Foucault, Michel. 2013. *Lectures on the Will to Know: Lectures at the Collège de France, 1970–1971*. Houndmills, Basingstoke, Hampshire: Palgrave Macmillan.

Fukuyama, Francis. 1992. *The End of History and the Last Man*. New York; Toronto: Free Press; Maxwell Macmillan Canada.

Han, Xiaorong. 2009. "Spoiled Guests or Dedicated Patriots? The Chinese in North Vietnam 1954–1978." *International Journal of Asian Studies* 6(1):1–36.

Ito, Masako. 2013. *Politics of Ethnic Classification in Vietnam*. Sakyo-ku, Kyoto, Japan; Balwyn North, Melbourne, Australia: Kyoto University Press; Trans Pacific Press.

Kwon, Heonik. 2010. *The Other Cold War*. New York: Columbia University Press.

Malarney, Shaun Kingsley, 2002. *Culture, Ritual and Revolution in Vietnam*. Honolulu: University of Hawai'i.

Mellac, Marie. 2011. "Land Reform and Changing Identities in Two Tai-Speaking Districts in Northern Vietnam." T. Forsyth and J. Michaud, eds. *Moving Mountains: Ethnicity and Livelihoods in Highland China, Vietnam, and Laos*. Vancouver: UBC Press.

McElwee, Pamela. 2004. "Becoming Socialist or Becoming Kinh?: Government Policies for Ethnic Minorities in the Socialist Republic of Viet Nam." C.R. Duncan, eds. *Civilizing the Margins: Southeast Asian Government Policies for the Development of Minorities*. Ithaca: Cornell University Press.

Pelley, Patricia. 1998. ""Barbarians" and "Younger Brothers": the Remaking of Race in Postcolonial Vietnam." *Journal of Southeast Asian Studies* 29: 374–391.

2002 Postcolonial Vietnam. Durham, NC: Duke University

Press.

Poisson, Emmanuel. 2009. "Unhealthy Air of Mountains: Kinh and Ethnic Minority Rule on the Sino-Vietnamese Frontier from the Fifteenth to the Twentieth Century." M. Gainsborough, eds. *On the Borders of State Power: Frontiers in the Greater Mekong Sub-region*. London; New York: Routledge.

Salemink, Oscar. 1991. ""Mois and Maquis": The Invention and Appropriation of Vietnam's Montagnards from Sabatier to the CIA." G.W. Stocking, eds. *Colonial Situations: Essays on the Contextualization of Ethnographic Knowledge*. Madison: University of Wisconsin.

2003. *The Ethnography of Vietnam's Central Highlanders: a Historical Contextualization, 1850-1990*. Honolulu: University of Hawai'i Press.

Scott, James C. 2009. *The Art of Not Being Governed: an Anarchist History of Upland Southeast Asia*. New Haven: Yale University Press.

Shim, Juhyung. 2014. *Haunted Borderland: The Politics on the Border War against China in post-Cold War Vietnam*. Ph.D. Thesis. Dept. of Cultural Anthropology, Duke University.

Schliesinger, Joachim. 1997. *Hill Tribes of Vietnam*. Vol. 1. Bangkok, Thailand: White Lotus Press.

Stalin, Joseph. 1953 [1913]. "Marxism and the National Question."

J. Stalin. *J.V. Stalin Works: Volume 2 (1907-1913)*. Moscow: Foreign Language Publishing House.

Subramaniam, Yogeswaran. 2013. "The Asean Human Rights Declaration and Indigenous Rights." *Indigenous Law Bulletin* 8(4):3–6.

The World Bank. 2009. *Ethnicity and Development in Vietnam–Summary Report*. Washington, D.C.: The World Bank.

Trần, Angie Ngọc. 2013. *Ties that Bind: Cultural Identity, Class, and Law in Vietnam's Labor Resistance*. Ithaca: Cornell University Press.

베트남 정부문서

1949년 베트남 민주공화국 헌법 Hiến pháp Nước Việt Nam Dân chủ Công Hòa (1946. 11. 9.)

1959년 베트남 민주공화국 헌법 Hiến pháp Nước Việt Nam Dân chủ Công Hòa (1959. 12. 31.)

1980년 베트남 사회주의 공화국 헌법 Hiến pháp Nước Công hòa Xã hội chủ nghĩa Việt Nam Năm (1980. 12. 18.)

1992년 베트남 사회주의 공화국 헌법 Hiến pháp Công hòa Xã hội chủ nghĩa Việt Nam Năm 1992 (1992. 4. 15.)

2013년 베트남 사회주의 공화국 헌법 Hiến pháp Nước Công hòa Xã hội chủ nghĩa Việt Nam Năm (2013. 11. 28)

인터넷 웹사이트

135 프로그램과 빈곤퇴치 계획 및 프로그램 홈페이지

(Chương trình 135 và các chương trình, dự án giảm nghèo; http://chuongtrinh135.vn/)

호치민 주석 영묘 관리 위원회 홈페이지

(Ban Quản lý Lăng Chủ tịch Hồ Chí Minh; http://bqllang.gov.vn/)

베트남 민족위원회 홈페이지

(Ủy ban Dân tộc; http://ubdt.gov.vn/home.htm)

베트남 사회과학원 산하 인류학 연구소

(Viện Dân tộc học; http://viendantochoc.vass.gov.vn/Pages/Index.aspx)

2.

새롭게 부상하는 동남아시아의 남남협력국: 태국을 중심으로

김소연

2 새롭게 부상하는 동남아시아의 남남협력국: 태국을 중심으로

김소연

많은 서구의 전통적인 원조 공여국들이 2007-08년에 일어난 금융위기 이후 자국의 긴축 재정 등을 이유로 원조예산이 삭감 일로였다는 것은 주지된 사실이다. 이러한 남북협력은 post-1945 국제개발체제 아래에서 공적개발원조(Official Development Assistance), 혹은 개발원조, 해외/국제원조 등 다양한 이름 아래, 개도국 경제개발과 복지를 위해 '글로벌 노스(Global North, 북반구 선진국 지칭)'-'글로벌 사우스(Global South, 남반구 개발도상국 지칭)' 간 시행된 전반적인 협력을 지칭한다. 남북협력은 일반적으로 1960년 이후 개발원조를 효과적으로 추진하기 위해 OECD-DAC를 중심으로 만들어진 규범을 중심으로 진행되었다. 그러나 최근 소위 신흥 남남협력국들이 시행하는 다양한 형태의 원조와 유사한 협력활동은 아프리카뿐만 아니라 동남아시아 역내에서도 21세기에 들어 점차 활발해졌다. 이러한 최근의 남남협력(South-South Cooperation)은 글로벌 사우스에 속하는 개발도상국 간 다양한 경제와 개발 분야(투자, 무역 등)의 협력 또한 포함하며, ODA로 국한되는 기존의 남북협력보다 광범위하다.

지금까지 신문과 미디어 매체 등을 통해 동남아시아의 남남협력국인 말레시아, 인도네시아 그리고 태국의 정책과 활동 등에 관한 보도가 이루어졌으나, 실제로 이들에 관한 객관적이고도 심도 있는 정보, 그리고 학술적인 연구를 찾기가 매우 힘든 상황이다. 동남아시아의 남남협력국에 대한 정보 및 지식의 결여는 결국 아세안 경제통합의 프로세스 안에서 아세안 회원국 간에 이루어지는 다양한 형태의 남남협력을 총괄적으로 그리고 심도 있게 이해하며 궁극적으로는 그들을 효과적으로 조정하고 조율할 수 있는 기회를 앗아간다. 아세안 경제통합은 앞으로도 그 속도와 규모가 점점 커질 것임으로, 이러한 역내 다양한 남남개발협력의 양상을 파악하여 동남아시아 국가를 단순히 개발협력의 대상이 아닌 주체로서 보는 것 또한 중요한다.

그러므로 이 글에서는 최근 부상한 동남아시아의 남남협력국이 어떠한 형태의 남남협력을 추진하며, 그 과정에서 그들의 정체성이 담론적으로 그리고 물질적으로 어떻게 작동되고, 그러한 상징적 담론과 현실적 이해가 어떠한 형태로 드러나는지에 대해 태국의 사례를 들어 살펴보고자 한다. 본격적인 사례 분석(3절)으로 들어가기 전에, 역사적으로 남남협력이 진화해 온 정치경제적 맥락을 간략하게 짚어보고, 현재 태국의 남남협력이 현재의 국제개발협력 논의 안에서 어떤 의미를 갖는지에 초점을 두고 분석하고자 한다.

Ⅰ. 최근 남남협력의 논의

남남협력에 관한 학술적 관심은 브릭스(BRICS 브라질, 러시아, 인도, 중국, 남아프리카공화국) 등의 신흥경제국 및 신흥경제블록의 부상으로 지난 2000년대부터 고조되어 왔다. 특히 경제 협력 개발 기구의 개발 원조 위원회(Organization for Economic Cooperation and Development-Development Assistance Committee, OECD-DAC) 회원국인 전통공여국가가 시행한 남북협력의 주요 수혜지역이었던 아프리카에서 브릭스가 개발 및 경제협력으로 그 영향력을 확장해 왔고, 이에 대해서 지난 10년간 주로 유럽과 북미학계의 폭발적인 관심이 쏠렸다고 해도 과언이 아니다. 이러한 개발 및 경제 분야의 남남협력의 선두주자로서 브릭스에 집중된 북미유럽학계의 관심은 최근까지 도외시되었던 주제에 대한 인식론적, 경험론적 지평을 넓혀 남남협력에 대한 이론적 논의의 폭과 깊이를 더해주었다는 점에서는 긍정적인 평가가 내려진다.

그러나 한편으로는 실제 현장의 정확한 데이터 분석에 기반을 두지 않는 뉴스매체 등의 근거 없는 과장된 보도와 중국 위협(threat theory)으로 포장된 기사 논설 등이 난무하여 많은 문제들이 생겼던 것 또한 사실이다(Bräutigam 2013; China in Africa; Tan-Mullins et al. 2010; Taylor 2007). 이렇게 (재)부상한[1] 경제개발협력 파트너로서 남남협력국에 관한 연구는 파란만장했다. 물론 그 영향력이나 자금의 크기로 보아 중국의 역할이 핵심적이며 중요함에는 틀림이 없지만, 연구방향은 '지나치게 중국 중심적('too Sino-centric')으로 흘러갔다(Mawdsley 2012, 13). 이러한 경향은 현재 급변하는 남남협력과 국제개발을 포괄적으로 신중히 이해하는 데 걸림돌이 되고 있으며, 이 챕터는 바로 이러한 문제의식에서 출발한다.

위에서 언급한 문제의 근원으로는 양분된 시각에서 찾을 수 있다. 지금까지 국제개발을 주도해 왔던 서구 중심의 오리엔탈리스트적 접근방법은 1945년 이후 선진국과 개도국 간의 남북협력의 규범을 보편적인 것으로 규정했다. 그리하여, 중국을 포함한 '신흥' 협력국들의 남남협력을 있는 그대로 연구 분석하여 이해하려는 노력보다는 그들을 '문제' 혹은 '위협'으로 바라보았다(Large 2008). 이 연구들은 서구 중심적 계몽주의 사상 그리고 근대화론의 렌즈로 그들을 바라보며 더 '발전된' 형태의 서구의 남북협력의 틀로 남남협력

1 많은 논문이 (재)부상 혹은 영문으로 (re)emerging 이라고 표기하는 이유는 2000년대 중반부터 남남협력이 눈에 띄게 그 규모나 영향이 커진 것은 사실이나 그 이전에 전혀 없었던 현상은 아니기 때문에 좀 더 정확하게 역사적 사실을 기술하기 위함이다.

을 재단한다(Duffield 2013, 27; Kim and Lightfoot 2011, 713-714). 그 결과 남남협력은 종종 '불량(rogue)' 혹은 '해로운(toxic)' 것(Naim 2007), 혹은 신식민지주의, 제국주의/아제국주의적 산물이라 신랄히 비판받았다(Okeowo 2013; Lampert et al. 2014; Lumumba-Kasongo 2011; Martin and Palat 2014). 이는 지난 2011년 부산 세계개발원조총회에서 발표된 전 미국 국무장관 힐러리 클린턴의 연설문에서도 명료하게 알 수 있다. 그녀는 개도국 대표자들에게 협력을 통하여 개도국의 역량강화보다 자원 착취에 더 지대한 관심을 가지는 협력국을 경계해야 한다고 경고하였다(Clinton 2011).

이에 반하여, 지금까지 서구 전통공여국의 원조는 '실패'였고 그들의 고결한 원조규범은 말뿐이고 위선적이라고 비판하는 목소리도 높다(Kim 2011, 803, 각주 4와 Moyo 2010 참고). 특히 개도국 지도자들은 중국을 비롯한 신흥협력국들이 제 3세계 개도국의 고충을 잘 이해하여 까다로운 조건부 원조를 지양하며 신속히 사업을 추진한다는 점에서 효율적이라며 긍정적인 평가의 목소리를 높였다(Alden 2005; Alden and Alves 2009; Bräutigam 2009, 2011; Kagame 2009; Konings 2007).

이처럼 서로 다른 담론이 충돌하는 동안 후기 식민지주의적 접근방법을 통해 이러한 이분법적 한계를 뛰어넘어 남남협력을 체계적이면서도 중립적/비평적 관점으로 연구하려는 노력 또한 커졌다. 이들은 위의 이분법적 접근을 두고 전혀 다른 두 개의 이질적인 것들을 – 예를 들면 사과와 오렌지를 – 동일선상에 놓고 비교한다고 꼬집었다(Davies 2008, 2011; Mawdsley 2012; Six 2009). 동시에 무조건적으로 지난 반세기 동안 이루어진 서구 전통공여국의 개발협력을 부정하고 남남협력을 낭만화하는 흐름 또한 경계하며, 남북협력에 요구되는 '윤리성'이 남남협력에서는 어떤 형태로 나타나는지(Kim 2011), 그리고 실제로 낭만화된 신흥협력국간 협력의 효과성을 현지조사와 현장의 데이터를 가지고 좀 더 심도 있게 관찰하기 시작하였다(Bräutigam 2009, 2011; Kragelund 2009; Kragelund and Carmody 2016; Mawdsley and McCann 2011; Mohan 2013; Power and Mohan 2010).

이러한 논의들이 팽팽하게 충돌하던 2013년 봄 브릭스(BRICS) 정상회의 개최를 앞두고 유엔 무역 개발 회의(United Nations Conference on Trade and Development, UNCTAD)는 *Global Trade Monitoring Report*의 특별호를 출간하였다(UNCTAD 2013). 여기서 흥미롭게도 2011년 대 아프리카 해외직접투자(FDI) 통계 분석 결과 말레시아가 중국과 브라질보다 더 큰 투자액을 보이자, 이로 인한 논쟁이 불거지기 시작했다(도표 1 참고). 여러 중국비판적인 연구자들은 이 통계를 놓고 기다렸다는 듯이 중국의 실제 아프리카의 경제개발에 대한 '공헌'과 '협력'(여기서는 투자)은 과장되고 부풀려진 것이라 비판을 가했고 소위 친 중국 학자들은 그들의 비판을 조목조목 따지며 중국의 대 아프리카 남남협력의 중요성을 평가했다.

도표 1 2011년 대아프리카 주요 20개 투자국 (단위: 백만 달러)

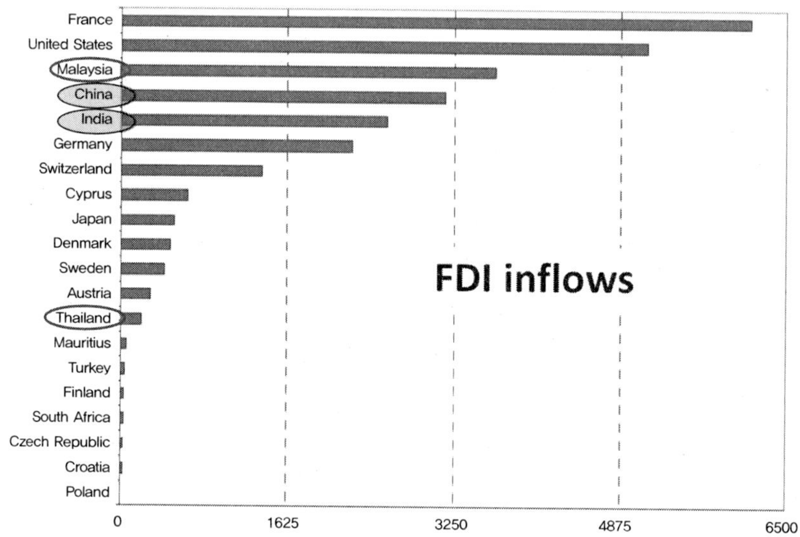

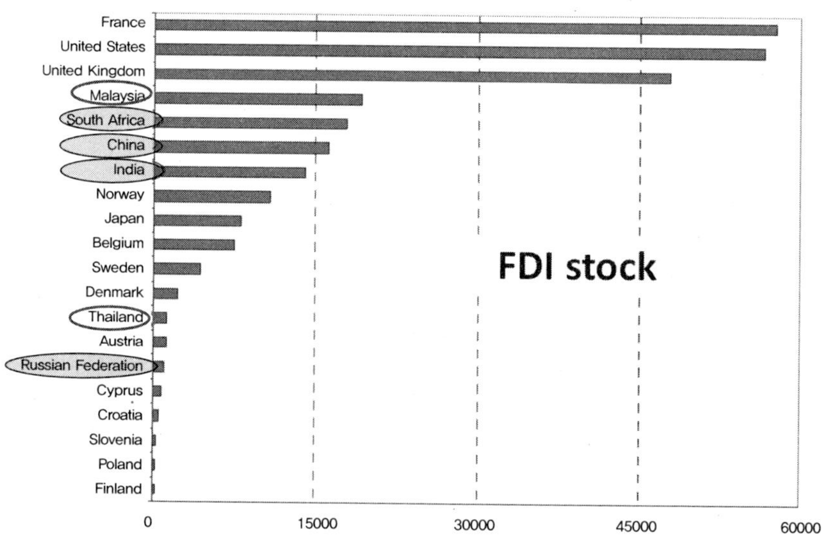

출처: UNCTAD (2013, 7)

하지만 위처럼 지나치게 중국 중심적으로 흘렀던 논쟁과는 달리, 필자는 15위 안에 있는 말레이시아와 태국의 대 아프리카 남남협력에 대한 지식이나 기존 연구도 거의 전무한 현실이 흥미로웠다. 하지만 단지 이 일화만으로 동남아시아의 남남협력국에 관한 연구의 중요성을 강조하려하는 것이 아니다. 아세안 역내에서 이루어지는 다양한 지역통합 활동 또한 넓게 보면 남남협력으로 이해할 수 있으므로, 남남협력의 인식론적 논의가 보다 포괄적인 것이 되려면, 동남아시아 남남협력국에 대한 심도 있는 연구와 이해가 매우 중요하다. 필자는 이러한 문제의식을 가지고 태국의 사례 연구를 통해 현존하는 동남아시아 남남협력에 관한 연구에 미력이나마 힘을 보태고자 한다.

다음 2절에서는 남남협력이 역사적으로 어떠한 진화를 이루어왔는지 그 정치경제적 맥락을 간략하게 짚겠다. 3절에서는 현재 재부상하는 남남협력을 국제개발논의 안에서 재 고찰하며, 4절에서는 이러한 국제개발논의 흐름 속에서 동남아시아 남남협력국인 태국이 어떠한 정체성 그리고 전략을 가지고 남남협력을 진행해 왔는지에 대해 살펴보겠다.

Ⅱ. 반둥에서 부산까지
남남협력 3.0까지의 여정

잔여개념으로서의 '글로벌 사우스'는 브릭스의 부상 이후의 급변하는 국제정치, 거버넌스, 그리고 정치경제의 맥락 안에서 점차 그 애매모호함을 더해 왔다. 그런 이유로 한편으로는 이젠 명제로 남게 된 글로벌 사우스를 해체하여 분석하려는 노력이 이루어져 왔다(Forbes and Forbes 2010; Smith 2013). 그럼에도 불구하고 남남협력이라는 개념을 분석하려는 시도나 노력은 비교적 적었다고 할 수 있다. 브릭스 이전 남남협력에 관한 기존 연구는 남남협력을 주로 이데올로기적으로 접근한다. 예를 들면 남남협력을 제3세계의 해방을 위한 개념으로 간주하거나(Ul Haq 1980; Muhr 2016; The South Commission 1993), 세계체제 안에서 심화되고 있는 선진국과의 간극을 해소하기 위해 개도국간의 상호호혜와 연대라는 비전을 가지고 제3세계 해방이라는 역사적 변화를 일으키기 위하여 진행된 일련의 실천 방식을 지칭하기도 한다(Gray and Gills 2016, 557; Power and Mohan 2010; Gosovic 2016).

보다 구체적으로 살펴보면, 남남협력의 시기는 크게 세 가지로 구분될 수 있겠다. 첫 번째 시기의 남남협력은 제2차 세계대전 종전 이후 식민지로부터 독립한 개도국들의 자립과 정치적 역량 강화를 위해 이루어진 일련의 모든 담론적, 물질적 활동이 포함된다. 이 시기의 남남협력은 반둥회의나 비동맹주의와 맥을 함께하며, 정치적/이념적인 성격을 띠었다. 이와 동시에 남남협력은 두 가지의 핵심목표를 성취하기 위한 국가 간에 협력의 전략적 도구로 사용되었다. 그 두 가지의 핵심목표는 (1) 글로벌 노스(Global North)에의 무역의존도와 불공평한 세계경제구조를 개선하기 위한 개도국간의 경제적 협력, 그리고 (2) 국제교섭의 장에서 개도국의 공통된 이해를 수호하기 위해 단체교섭의 힘을 키우기 위한 정치적 동원(예를 들면, 신국제 경제질서 New International Economic Order 등장 등)이다(Morais de Sá e Silva 2009; Renzio and Seifert 2014). 하지만 1979년부터 제3세계 부채위기로 많은 개도국이 타격을 받았다. 1980년대는 워싱턴 컨센서스로 대표되는 신자유주의의 부상과 미 패권주의 그리고 세계화의 심화로 개도국에게는 힘들고 도전적인 시기였으며(Gore 2000; Kelly 2012; Moore 1999), 남남협력에서는 잃어버린 10년이라 해도 과언이 아니다. 1990년대 들어 냉전종식을 겪으며 제3세계, '글로벌 사우스'라는 개도국의 중간자적(in-between)인[2] 정체성의 의미 자체가 애매모호해지며, 남남협력이 탄생한 시대적 특수성은 사라지게 되었다. 이런 과정을 겪으며 개도국 국제정치 내의 정치적 역량은 약화 일로를 걷게 되었고 결과적으로 남남협력의 추락을 초래하였다.

남남협력의 두 번째 시기는 1999년 이후, 본격적인 전문화/

2 제1세계(서구 반공블럭)와 제2세계(구소련 공산블럭) 간의 중간자적인 위치

기술화(technicalisation)로 대표되는 원조의 비정치화를 특징으로 한다. 남남협력이 정치경제적 모멘텀을 잃어버리자 국제 원조기관들이 남남협력을 가로채면서 본연의 의미를 잃어갔다. 또한 유엔, 독일, 일본 등 남북협력 주도세력들이 국제개발협력의 삼각협력(Trilateral Cooperation) 사업 등에서 남남협력을 우수사례로 홍보하며 사용되는 과정에서 전문화/기술화가 심화되었다.

이처럼 남남협력은 강한 정치색을 띠었던 첫 단계(남남협력 1.0)에서 전문화/기술화(남남협력 2.0)로 들어서면서 비정치화 되었다. 그러나 최근 들어 남남협력의 논의가 부활하고 있다. 수사적으로는 남남협력 1.0의 정치적 심볼리즘을 계승하지만 그 활동이나 사업의 규모가 더 확장되고 다양화 되었다. 자원 확보, 강한 상업적 성격을 가진 대규모 사업(인프라 개발 등) 혹은 적정기술 및 개발 경험 등을 앞세운 남남협력 3.0은 학계 및 정책 입안자들 사이에서 새로운 개발협력의 행위자이자 추가적인 재원으로서 그 위치를 인정받고 있다(Mawdsley et al. 2014; Gore 2013). 2011년 부산에서 열린 고위급 원조 효과성 회의의 결과선언문을 비롯하여(OECD-DAC 2011), 2015년에 종료된 새천년개발목표(Millennium Development Goals)의 대를 잇는 지속가능한 발전목표(Sustainable Development Goals)에도 이 내용이 명시되어 있다(Casar 2016; IPS 2016; UNDP 2016). 개도국 현지에서뿐 아니라 다양한 국제개발협력의 장에서 신흥경제국의 영향력은 남남협력의 담론적인 면으로나 물질적 면에서 큰 영향을 미치며 많은 변화를 일으켰다(Browne and Weiss 2014; Erthal Abdenur 2014;

Janus et al. 2015; Mawdsley 2015).

이렇게 된 배경에는 신흥경제국의 '공격적'이고도 신속한 개발 협력 사업도 있지만, 그 이면에는 원조 피로(Aid Fatigue)에 더하여 2007년 금융위기 이후 보수당집권과 재정긴축 등으로 원조예산이 원조예산의 급감을 경험하고 있는 서구 공여국이 있다(Eyben and Savage 2012).[3] 이러한 배경 때문에 남남협력 3.0을 통한 개발협력은 개도국 현지에서 인기가 컸다(Alden 2007; Bräutigam 2009; Bräutigam and Zhang 2013; Cabral et al. 2013; Carmody 2013; Power and Mohan 2010; Taylor 2014). 특히 서구 전통공여국의 영향과 압력을 많이 받던 개도국 예를 들자면 짐바브웨의 경우는 2013년에 'Look East' 정책을 발표하며 브릭스 등이 주도하는 남남협력에 지지를 표명했고, 르완다의 대통령 폴 카가메는 최근에 아프리카개도국 정부들에게 서양국가처럼 되려 하지 말라고 경고하였다. 그는 "(서구 국가) 당신들이 가지고 우리에게 타격을 준 것이 이젠 당신들에게 되돌아가서 당신들에게 타격을 주고 있다"라고[4] 말하며 기존의 남북협력의 문제점을 신랄하게 비판하는 동시에(Baker and Stevis 2017), 이미 2000년대 후반부터 적극적으로 남남협력에 대한 지지와 애정을 표현해 왔다(Kagame 2009). 동남아시아에서도 이와 같은 현상을 목격할 수 있는데, 그 대표적인 사례가 캄보디아이다(Bloomberg.com

---

3 호주와 캐나다의 경우, 기존에 독립행정기관이던 원조청이 외교부 혹은 외교통상부 산하로 흡수되었다(Troilo, 2015).

4 "What you have been hitting us with is coming back to hit you."

2016, The Economist 2016; South China Morning Post 2016; Strangio 2012; Wolf 2015).

Ⅲ. 남남협력국의 정체성 담론분석 상징적 의미와 현실적 이해

남남협력 3.0의 부상과 함께, 이미 매우 혼잡한 국제개발협력 '시장' 안에서 남남협력국들이 원조와 유사한 활동(aid-like activities)을 통해 자신들의 역할과 정체성을 어떻게 이해하고 인식하며 자신들의 남남협력을 어떤 형태의 담론으로 생산/재생산해 내는 것인지에 대한 논의가 활발하다. 남남협력 3.0은 도움을 주는 자와 받는 자라는 기존 남북협력의 이분법적이고도 위계적인 카테고리를 벗어난다. 남남협력 참가자들은 남북협력의 수혜자임과 동시에 남남협력의 제공자이기도 하기 때문이다. 그리고 원조 수원 및 '성공적인' 경제개발의 경험 분에 '효과적인' 개발협력을 설파하는 데 전통 공여국보다 유리한 위치를 점했다. 또한 기존의 국제개발협력 규범을 수동적으로 따르는(norm taker) 위치에 있었던 남남협력국이 이제는 국제개발 거버넌스의 장에서 능동적으로 규범을 만드는(norm maker) 행위자로서 부상하고 있다(Erthal Abdenur 2014; Reilly 2012).

과도하게 본질주의적이며 정교하지 못한 이분법적 접근이라는 문제를 안고 있지만, 남남협력국이 강조하는 그들의 정체성은 기존의 남북협력이 갖는 수직적인 공여-수혜 관계를 노골적으로 거부하며, 내용상으로는, 정체성 담론의 많은 부분은 아직도 《반둥 10 원칙》을 그대로 계승한다. 그중에서도 모든 나라의 평등성, 주권, 영토권, 내정 불간섭주의는 가장 강력하게 작동하는 규범이다. 남남협력국들은 그들 자신이 '남'쪽 개도국이라는 정체성을 강조하며 기존 OECD-DAC 중심의 남북협력 프레임에 편입되는 것을 거부하였다. 식민지 지배, 독립 후의 세계 경제시스템과 신자유주의가 낳은 구조적 불평등 그리고 취약성 등, 다양한 '아픔과 억압'의 경험을 공유하는 동지로서, 동정(sympathy)이 아닌 공감(empathy)이 남남협력국들의 기본적 자세이며, 그들은 상호호혜의 관계를 가진 수평적이고 동등한 파트너임을 강조한다.

표 1 남북협력과 남남협력의 이분법적 이해[5]

표면적 수사표현

남북협력	남남협력
• 자선 • 공여국 주도 • 불행한 사람들에 대한 도덕적 의무 • 우월한 지식과 제도 그리고 과학기술에 기반을 둔 전문성 • **다르고 먼 남에 대한 연민** • 보답을 원하지 않는 일방적으로 주는 것에 대한 미덕	• 기회 • 수혜국 주도 (요청) • 제3세계 국가들과의 연대 • 빈곤한 환경에서 직접적으로 얻은 개발경험에 기반을 둔 전문성 • 경험과 정체성을 공유하는 동지로서의 공감 • 상호호혜의 미덕, 호혜의 인식

5 Mawdsley(2012, 153)와 Quadir(2013)를 참고하여 저자 작성

표면적으로 드러나지 않은 현실

남북협력	남남협력
• 상업적 지정학적 사리 추구 • 헤게모니 • 국가적 우월성 • 국가 간의 불평등에 관하여 부적절하게 대응	• 상업적 지정학적 사리 추구 • 헤게모니에 대한 도전 • 국가적 우월성 • 글로벌 사우스의 다른 개도국과 이해 충돌 • 다른 개도국의 내정 간섭

〈표 1〉에 나타난 것과 같이 남남협력국의 정체성에 관한 담론적 수사는 단순히 정부고위급의 연설이나 정책문서에만 표출되는 것이 아니다. 수잔 배일리의 인류학적 연구에 의하면, 베트남 남남개발협력을 담당하는 정부 관료들은 그들의 활동이 사심 없는 박애로부터 나오는 것이며, 보답을 받으려는 기대 없이 궁핍하고 저개발국가의 사람들에게 무료로 주는 교육과 계몽의 선물과 같은 것이라 인식한다고 분석하였다(Bayly 2007, 183). 그녀는 더 나아가 베트남 정부 관료들이 '후진국'인 아프리카 개도국에 인도주의적 도움을 주었고 아프리카 사회에 진보를 가져다주었다는 자부심이 크고, 자신들을 계몽자 혹은 부양자라며 자랑스러워한다고 설명한다. 이러한 담론적 수사가 공공의 그리고 사적인 공간에서 공통적으로 사용되었다. 베트남 전문가들은 자신들을 이중적이고도 위선적인 (예를 들면 인도주의적인 목적을 가지면서도 전략적으로 시장 확대와 값싼 노동력 확보를 위한 활동을 펼치는) 서구 원조전문가들과 차별화 한다(Bayly 2007, 183).

그렇다면 수사적으로 표현된 수평관계로서의 남남협력과 실제로 남남협력으로 얻고자 하는 이해와는 실제로 어떠한 괴리가 있는 것일까? 다음 절에서는 태국 사례를 통해 남남협력국이 노골적으로 비판하며 차별을 둔 기존의 남북협력의 활동들과 남남협력의 현실은 얼마나 다른 것인지에 대한 질문에 답해 보고자 한다.

Ⅳ. 동남아시아의 남남협력국 태국 사례

1. 배경과 역사

태국이 '원조와 유사한 활동'을[6] 개시한 것은 콜롬보 계획(Colombo Plan)에 가입한 1954년으로 선진국이나 국제기관의 출자로 실시된 여타 개도국 연수생 초청사업이 그 시초였으나, 제대로 실시되기 시작한 것은 1978년 부에노스 아이레스 행동계획(BAPA) 이후였다(Satō, 2007). BAPA 하에서 아프리카를 비롯한 개도국에 연수원 초청과 전문가 파견이 이루어졌다. 인접국에 대한 경제협력을 중심으로 한 협력관계는 제 2차 인도차이나 전쟁의 영향으로 주춤하였으나 1980년대 후반 이후 냉전종식으로 보다 본격적으로 진행

6 영어로 aid-like라 하며 기존의 남북협력의 기본 틀에 해당하는 DAC 기준의 ODA와 구분된다.

되었다(Goscha 2013). 양자 간 남남협력활동이 본격화된 것은 1988년 경제 호황 이후였으며, 당시 1989년 찻차이 춘하완(Chatichai Choonhavan) 수상이 태국의 대 베트남, 라오스, 캄보디아 정책기조를 바꾸면서부터이다. 그는 인접국과의 고위급 외교접촉을 시작하면서 공적인 자리에서뿐만 아니라 사적인 자리에서도 인도차이나를 전쟁터에서 시장으로("battlegrounds into trading markets") 탈바꿈 시키려는 의도를 드러내었다(Busbarat 2014; French 2002). 이러한 태국 내의 변화는 1990년대 초부터 적극적인 외교전략 아래 인접 국가와의 남남협력에도 힘을 싣는다. 이러한 찻차이 수상의 정책을 바탕으로 태국의 남남협력 지출은 2000년대 초반을 기점으로 해외원조수원액과 반비례로 증가한다(<도표 2>와 <도표 3> 참고).

도표 2 태국의 해외원조 수원액 추이[7]

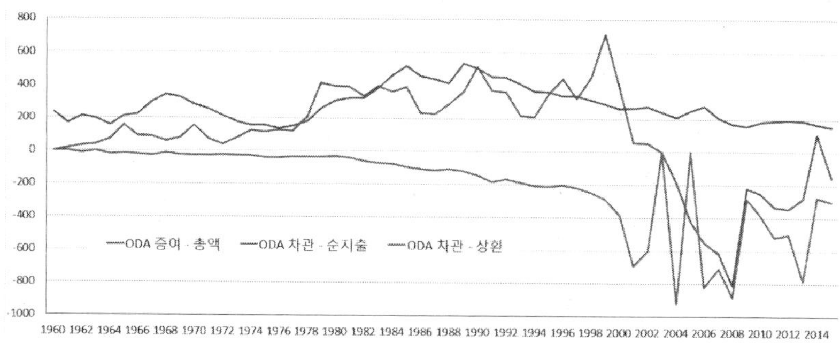

7 OECD-DAC 통계 데이터 세트 Aid(ODA) disbursements to countries and regions [DAC2a]를 이용하여 저자 작성. 출처: OECD.Stat.

도표 3 태국의 남남협력 공여액 추이[8]

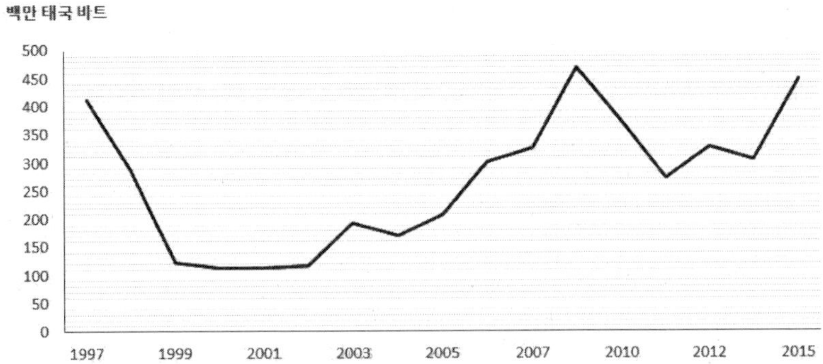

〈도표 3〉에서 잘 알 수 있듯이 실제로 태국의 남남협력은 금융위기 이후 회복세를 타기 시작한 탁신정권에서 전환점을 맞았다(Soderberg 2010). 2003년 탁신 친나왓(Thaksin Shinawatra) 수상은 '노 모어 오디에이(no more ODA)'라는 발표를 여러 차례에 걸쳐 공식석상에서 발표를 하였으나, 실제로 그의 뜻은 ODA를 완전히 졸업한다는 이야기가 아닌 더 이상 증여 외에는 수원을 하지 않고 원조 차관을 받지 않겠다는 내용이었다고 한다(전직 TICA 고위관료와의 면접, 2015년 2월).[9] 특히 1997년 금융위기 이후 경기 회복이 시작되고 있던 시기인 탓에 더욱 빚(차관)을 지지 않으려는 의도 또한 있었다

8 도표 3은 저자가 직접 태국 TICA 통계를 이용하여 작성. 출처: TICA, 2016

9 자료 수집 및 현지조사는 2015년 1월~2월 2달간 태국 방콕에서 진행하였다. TICA의 전신인 DTEC의 전직 고위관료 그리고 TICA 전직 고위관료와 반구조화 면접(semi-structured interview)을 진행하였다. 선행연구의 수가 적고 통계데이터와 정책문서 등의 1차 자료의 접근성이 매우 어려운 관계로 현재 존재하는 몇 안 되는 관련연구와 자료를 바탕으로 현지조사를 준비하였다.

고 한다. 이와 같이 '받기보다는 더 어려운 이웃에게 나눠 줘야 한다는' 정책은 탁신의 연설 'Forward Engagement: The New Era of Thailand's Foreign Policy'과 'The Future of Asia'에 반영되었다. 태국은 원조를 졸업하려 하니 더 많은 국제적 지원이 메콩지역 인접 국가를 위해 제공되어야 한다고 역설하였다(Wajjwalku 2011, 80). 실제로 〈도표 2〉에서 보이듯이 탁신정부에서의 정책 발표를 전후하여 태국의 ODA 차관액은 급감하고 정권 내내 감소 일로를 보인다.

또한 〈도표 4〉와 〈도표 5〉에서 볼 수 있듯이 인접국가인 베트남, 라오스, 미얀마, 캄보디아가 1997년부터 계속적으로 태국의 남남개발협력의 70% 이상을 차지하며 태국의 전략적 협력 파트너 지위를 유지하고 있다.

도표 4 태국의 남남개발협력의 지역별 분포 (1997 회계연도)[10]

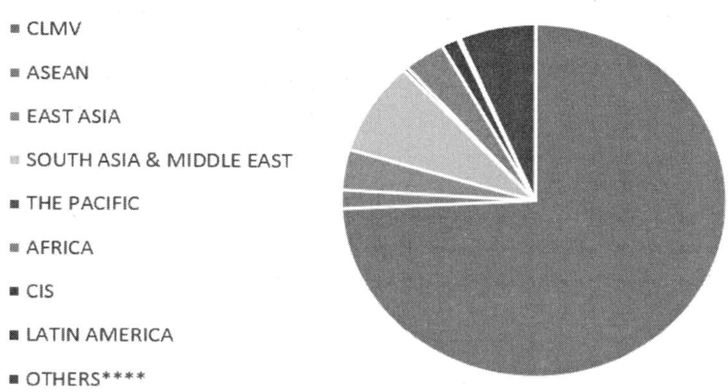

10 도표 4는 저자가 직접 태국 TICA 통계를 이용하여 작성. 출처: TICA 2016.

도표 5 태국의 남남개발협력의 지역별 분포 (2015 회계연도)[11]

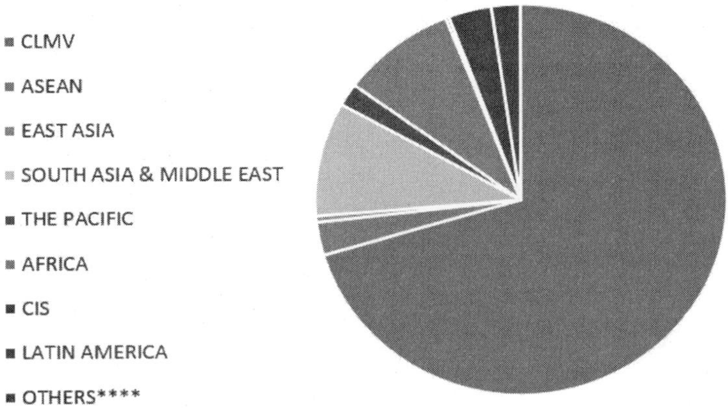

탁신 정권 중의 정책 변화는 구체적으로 남남협력을 위한 양자 간 집행기구의 설치와 재정비 그리고 태국 주도의 메콩유역 개발이니셔티브 설립으로 이어졌다. 콜롬보 계획 가입 이후 시작된 태국의 연수생 초청, 전문가 파견 및 기술협력(1992년 개시된 Thailand International Cooperation Program) 등의 활동은 총리실 산하에 1963년에 설립된 기술경제협력국(Department of Technical and Economic Cooperation - DTEC)이 맡아 진행하였는데(Government of Thailand 1999), 이 모든 활동은 2004년 외무부 산하 증여와 기술협력을 담당하는 태국 국제협력기구(Thailand International Cooperation Agency-TICA)에서 총괄하게 되었다(TICA 2013b).

---

11 도표 5는 저자가 직접 태국 TICA 통계를 이용하여 작성. 출처: TICA 2016.

또한 2003년 태국 주도로 메콩강 유역의 인접국가와의 개발이니셔티브로 캄보디아, 라오스, 미얀마, 베트남이 참여하는 에야와디-짜오프라야-메콩경제협력전략기구(Ayeyawady-Chao Phraya-Mekong Economic Cooperation Strategy-ACMECS)가 설립 되었다(TICA 2013a). 1996년에 만들어진 인접국 경제협력기금(Neighbouring Economies Cooperation Fund-NECF)이 2005년 조직개편으로 인접국 경제개발협력기구(Neighbouring Economies Development Cooperation Agency-NEDA)로 전환되면서 기술협력과 융자 두 가지 사업 모두를 추진할 수 있게 되었다(NEDA 2015). 이처럼 남남협력 체제의 재정비와 구축을 위한 태국 정부의 노력은 대외홍보 분야에서도 엿보인다. 2005년에는 남남협력, 시장개방 그리고 인프라 투자를 통해 태국이 인접국가로의 공헌이 얼마나 커지고 있는지에 관한 보고서 또한 유엔과 함께 발표했다(Ministry of Foreign Affairs Thailand and United Nations Thailand 2005).

태국은 앞에서 기술한 역사에서도 알 수 있듯이 오랫동안 남남협력에 참여해 왔지만, 탁신정권이 추진한 'Forward Engagement Policy'를 기점으로 메콩유역 내 인접국가인 CLMV 국가와의 협력관계를 강화해 나가며 주도권을 가지고 다른 전통공여국과의 협조 또한 조율하며 CLMV 국가를 도울 책임을 강조했다(Satō 2007). 이러한 지원을 통해 태국은 기존의 수직적이고 불평등한 남북협력과 달리 평등에 기반한 수평적 파트너십임을 강조하였으나, 실제로 태국은 이러한 협력을 통하여 메콩유역 인접국가로의 영향력을 강화하고자 했다(Busbarat 2014).

다음 절에서는 TICA, NEDA 그리고 ACMECS 를 통하여 태국이 어떠한 정체성 그리고 전략을 가지고 남남협력을 진행해 왔는지에 대해 살펴보겠다.

2. 남남협력국으로서의 정체성

위에서 논의했듯이 남남협력은 개도국 간의 상호호혜에 기반하여 수원국의 수요를 중요시하는 정책담론을 생산해 왔다. 태국의 남남협력 또한 그와 다르지 않다. 태국의 남남협력 철학은 첫째가 개도국의 자조노력을 돕는 것(to help them to help themselves), 둘째가 개도국의 자립노력을 돕는 것(to help them to stand on their own feet)이다. 이러한 철학은 푸미폰 아둔야뎃 전(前) 태국 국왕이 1997년에 선포한 '충족을 아는 경제(Sufficiency Economy)'와도 맞물려 태국의 남남협력의 원칙으로 작용했다.[12] Sufficiency Economy는 불교의 소욕지족(少欲知足)의 가르침을 따르는 것으로 구체적으로는 복합농업 등 환경보전과 생산 활동이 조화를 이루며 생산지와 소비지가 일치하는 경제를 목표로 한다 (Satō, 2007; 전직 TICA 고위관료 인터뷰,

12 태국을 강타한 아시아 금융위기의 한복판에서 푸미폰 아둔야뎃 전(前) 태국 국왕은 충족을 아는 경제(Sufficiency Economy)를 다음과 같이 설파한다: 호랑이가 되는 것은 중요하지 않다. 우리에게 중요한 것은 충족을 아는 경제이다. 충족을 아는 경제라는 것은 자급자족이 가능한 것이다. 우리(경제)가 비록 조심스레 한 발짝 뒤로 뒷걸음질한다 하더라도, 각 마을과 동네가 자급자족을 할 수 있어야 한다(UNDP, 2007, 20).

2015년 2월).

태국 남남협력이 남북협력과 어떻게 차별화된 정체성을 가지고 있는지는 태국 정부관계자들의 이야기에서 엿볼 수 있다. 그들은 기존의 남북협력사업보다 경비 절감이 가능한 점, 열대지역에 위치한 태국의 풍부한 성공 사례 및 특수 적정기술의 공유가 가능하다는 점을 강조하였다(Satō, 2007). 기술협력사업의 경우, 구체적인 사업 방향이 개도국의 정부인사 및 관료의 역량 강화, 인적 개발, 중소기업진흥 등이 우선활동 분야이고, 이 모든 활동은 태국의 발전경험을 바탕으로 한 전문기술과 지식을 개도국 현지 특성에 맞는 적정기술 및 적정지식으로 전환/공유하여 그들의 자조, 자족 그리고 자립을 돕는 것에 중점을 둔다. 예를 들자면 태국 어부들의 지리적 환경(바다, 강 등)에 맞는 다양한 크기와 목적의 보트를 만드는 기술은 남태평양 도서국의 어부들에게 인기가 많다고 한다. 그들과 적정기술과 지식을 공유하고 유지하기 쉬운 기술과 값싼 보트재료를 사용하여 현지의 지리적·기후적 특성에 맞는 기술협력을 한다고 강조하였다(전직 TICA 고위관료 인터뷰, 2015년 2월). 결국 태국 또한 자신이 '남'쪽 개도국이라는 점을 강조하며 다양한 역사적 경험을 공유하는 동지로서 공감(empathy)할 수 있는 수평적이고 동등한 파트너임을 강조한다.

이렇게 소프트웨어적인 남남협력과 별개로, 융자사업은 태국의 남남협력의 철학을 좀 더 하드웨어적으로 보여 준다. 비록 태국이 남남협력 판에서 기술협력(특히 교육과 연수사업)으로 잘 알려져 있으나, 실제로 태국 남남협력의 80% 이상은 인접국가의 경제성장과 생활수준 개선을 위한 대규모 인프라 사업에 쓰이며, 약 70% 가까이가 조건부 융자(loan)이다. 이러한 하드웨어 협력사업은 전력사업, 동서 및 남부회랑과 맞닿은 국경부근의 도로, 철도, 공항 건설 사업 등에 집중되어 인접국가 경제권과의 연계강화와 활성화를 모색한다. 그중 대부분이 NEDA사업이며, 아시아 개발은행 등의 외부 투자기관과 조율하여 공동으로 추진하기도 한다(Soderberg, 2010).

하지만 상기의 철학과 정책담론 속의 미사여구에는 드러나지 않는 태국의 현실정치(realpolitik) 그리고 경제적 상업적 이해관계는 얼마나 남북협력의 그것과 다를까? 우선 NEDA의 유상협력의 경우(융자사업), 달러가 아닌 태국 화폐인 바트화를 사용하며, 대부분의 사업이 태국 기업에 배정된다. NEDA 사업은 사업비 총액에 해당하는 상품과 서비스를 태국에서 구입하도록 되어 있어 구속성이 강하다(Satō 2007). 이런 남남협력의 조건들은 당시 탁신정권의 지지세력이었던 대기업들에게 유리한 사업적 기회를 제공하였으며, 그들은 생산기지를 인접국가로 이전하면서 투자의 규모를 대폭 늘려나갔다(Prachason 2008).

NEDA의 유상협력사업 대부분이 국경지역의 인프라 정비에 쓰였는데, 여기에는 여러 가지 이유가 있다. 우선 인접국가로의 경제협력을 통한 대규모 인프라의 개발은 태국 자본의 역내 활동을 촉진시키고 동시에 장기적으로 태국의 경제적 이익추구에 부합하여, 역내 정치경제적 리더십을 강화하기 때문이다(Satō et al. 2010). 교역 증가는 상품과 인력의 이동을 용이하게 만들어 역내 무역을 촉진시킨다. 특히 태국 내 부족한 값싼 노동력을 인접국가로부터 제공받아 부족을 해소할 수 있고, 인접국가와의 국경경제권의 활성화를 통하여 불법이민 유입을 방지할 수 있다(Satō 2007). 다른 전통 공여국이 그랬던 것처럼, 태국 또한 인접국가에서 국내로 흘러들어오는 불법적인 것들 특히 난민, 마약밀매 그리고 불법이주자 문제 해결을 위해 남남협력을 집행해 왔다. 이러한 문제들은 태국의 안보(인접국가와 국경문제 등)를 저해하는 중요한 사안 중 하나로 꼽힌다. 인접국들과의 남남 경제협력은 인접국가의 복지와 생활을 개선하여 불법적인 경제활동이나 이주 그리고 HIV/AIDS 문제를 경감시키고 결과적으로는 이와 관련한 범죄와 마약밀매 문제 또한 해결할 수 있다(Yoshimatsu 2008). ACMECS를 통한 국경지대 개발사업, 특히 계약농업을 통한 마약 대신 환금작물 재배 사업 등은 이러한 전략적 의도를 반영한다(Woods 2015).

또 하나의 큰 이유는 태국의 자원안보의 목적에 있다. 인접국가들과의 관계에 있어 경제적인 면에서 태국이 우려하는 사안이 농업이다. 태국의 GDP에서 농업이 차지하는 비율이 12% 정도(2012년 현재)이나 전체 인구의 약 50%가 농업과 관련된 직업에 종사하므로 그 파급력이 크다. 결국 이러한 이유로 미얀마와 캄보디아

접경지역에는 콩, 땅콩, 옥수수 등을 계약농업방식으로 재배하고 규격화된 생산물을 면세와 인프라 정비, 기술지원 등의 정책을 통해 시장에서 판매하는 진흥책 등을 추진해 왔다. 결과적으로는 태국이 남남협력을 통한 경제적 지원과 인접국가에서 생산되는 원재료와 에너지/전력을 맞교환하는 양상을 띠게 된다. 태국 정부는 이런 방식으로 천연자원과 전력공급을 확보하고 있다(Satō 2007).

V. 결론

이 글은 아세안 역내에서 이루어지는 다양한 지역통합 활동을 넓은 의미의 남남협력으로 바라보며, 동남아시아 남남협력의 중요성을 환기하고자 하였다. 최근까지 지나치게 중국 중심적으로 흘렀던 남남협력의 인식론적 논의가 보다 포괄적인 것이 되려면, 부상 중인 동남아시아 남남협력에 대한 심도 있는 연구와 이해가 매우 중요하다는 점을 강조하였다. 그리하여 태국의 남남협력을 국제개발논의 안에서 재 고찰하고, 이 안에서 어떠한 정체성 그리고 전략을 가지고 남남협력을 진행해 왔는지에 대해 살펴보았다.

일반적으로 남남협력의 정책담론은 기존의 남북협력이 갖는 수직적인 공여–수혜 관계를 노골적으로 거부하고, 역사적 '아픔과 억압'의 경험을 공유·공감하는 동지로서의 수평적이고 동등한 파트너임을 강조한다. 하지만 이러한 정책담론에서 표출된 상호호혜와 수평관계로서의 남남협력은 실제로 추구하는 현실정치 그리고 경제적 상업적 이해관계와 괴리가 있다. 여타 남남협력국과 같이, 태국 또한 비슷한 담론적 수사를 사용하여, 수평적이고 동등한 파트너임을 강조한다. 하지만 실제로는 인접국가로의 경제협력을 통한 대규모 인프라의 개발로 태국 자본의 역내 활동을 촉진시키고 동시에 장기적으로 태국의 정치·경제적 이익을 추구한다. 또한 남남협력을 통한 경제적 지원과 인접국가에서 생산되는 원재료와 에너지/전력을 맞교환하여 천연자원과 전력공급을 확보한다.

이러한 태국의 남남협력의 부상은 새롭게 국가 정체성을 모색하는 기회가 되었다. 태국의 남남협력을 위한 다양한 노력은 기존의 남북협력의 프레임을 벗어나, 남북협력의 수동적인 대상이 아닌 남남협력의 능동적인 주체로서 그 정체성을 표현한 것으로 읽을 수 있다. 이 같은 동남아시아의 남남협력국에 대한 연구 및 분석은 향후 아세안 경제통합의 프로세스 안에서 아세안 회원국 간에 이루어지는 다양한 형태의 남남협력을 향한 노력과 활동을 총괄적으로 그리고 심도 있게 이해하고, 궁극적으로는 그들을 효과적으로 조정하고 조율할 수 있는 기회를 제공할 것이다. 점차 그 규모와 속도를 키워 나갈 아세안 경제통합 속에서 동남아시아 국가들이 어떻게 남남개발협력의 주체로서 도약해 나가는지 주목해야 할 것이다.

참고 문헌

佐藤 仁(사토오 진). 2007. "タイ, シンガポール,マレーシアの援助政策". 『開発金融研究所報』 第35号: 37–71. 東京 : 国際協力銀行.

Alden, C. 2005. "China in Africa" *Survival*, *47*(3): 147–164.

Alden, C. 2007. *China in Africa: Partner, Competitor Or Hegemon?* London:Zed Books.

Alden, C., and A. C. Alves. 2009. *China and Africa's Natural Resources: The Challenges and Implications for Development and Governance*. South African Institute of International Affairs. http://paperroom.ipsa.org/papers/paper_3240.pdf (검색일: 2017. 4. 5).

Baker, G., and M. Stevis. 2017. "Rwanda's Paul Kagame Urges Africans Not to Emulate West". *Wall Street Journal*, March 7. https://www.wsj.com/articles/rwandas-paul-kagame-urges-africans-not-to-emulate-west-1488925440 (검색일: 2017. 4. 5).

Bayly, S. 2007. *Asian Voices in a Post-Colonial Age: Vietnam, India and Beyond*. Cambridge :Cambridge University Press.

Bloomberg.com 2016. "Why Indonesia Is Chasing China's Billions." October 31. https://www.bloomberg.com/news/

articles/2016-10-31/china-deepens-economic-ties-with-indonesia-as-investment-doubles (검색일: 2017. 4. 5).

Bräutigam, D. 2009. *The Dragon's Gift: The Real Story of China in Africa*. Oxford: Oxford University Press.

Bräutigam, D. 2011. "China in Africa: What can Western Donors Learn." *A Report for the Norwegian Investment Fund for Developing Countries (NORFUND)*. http://www.norfund.no/getfile.php/132379/Documents/Homepage/Reports%20and%20presentations/Studies%20for%20Norfund/Norfund_China_in_Africa.pdf (검색일: 2017. 4. 5).

Bräutigam, D. 2013. "Chinese Engagement in African Agriculture: Fiction and Fact." *Handbook of Land and Water Grabs in Africa: Foreign Direct Investment and Food and Water Security*. pp. 91- 103. *New York: Routledge*.

Bräutigam, D., and H. Zhang. 2013. "Green Dreams: Myth and Reality in China's Agricultural Investment in Africa." *Third World Quarterly* 34(9): 1676-1696.

Browne, S., and T. G. Weiss. 2014. "Emerging Powers and the UN Development System: Sanvassing Global Views." *Third World Quarterly* 35(10): 1894-1910.

Busbarat, P. 2014. "Thailand's Foreign Policy: The Struggle for Regional Leadership in Southeast Asia." Z. Zhu, B. C. G. Teh, S. Y. Tong, J. Li, C.-J. Yang, and J. Li (eds.), *Globalization, Development and Security in Asia: Volume 1:*

Foreign Policy and Security in an Asian Century: Threats, Strategies and Policy Choices, Vol. 1, pp. 133–153. New Jersey: World Scientific Publishing Company.

Cabral, L., Shankland, A., Favareto, A., and Costa Vaz, A. 2013. "Brazil–Africa Agricultural Cooperation Encounters: Drivers, Narratives and Imaginaries of Africa and Development." *IDS Bulletin* 44(4): 53–68.

Carmody, P. 2011. *The New Scramble for Africa*. Cambridge: Polity Press.

Casar, G. 2016. "The Role of South–South Cooperation in Implementing the SDGs." http://deliver2030.org/?p=6957 (검색일: 2017. 4. 10).

China in Africa: The Real Story Online. "China in Africa: The Real Story." http://www.chinaafricarealstory.com/ (검색일: 2017. 4. 10).

Clinton, H. 2011. "Keynote at the Opening Session of the Fourth High–Level Forum on Aid Effectiveness." http://2009–2017.state.gov/secretary/20092013clinton/rm/2011/11/177892.htm (검색일: 2017. 4. 10).

Davies, P. 2008. Aid Effectiveness and Non DAC Providers of Development Assistance. Consultative Findings Document, Informal Working Group on non DAC Providers of Development Assistance, Background Document to Round Table 9: "The Changing Aid Architecture: Implications for

Aid Effectiveness," of the Third High Level Forum on Aid Effectiveness.

Davies, P. 2011. "The increased engagement of non DAC development assistance providers and South South Cooperation." Presented at the Oxford University China Africa Network (OUCAN) conference on "Chinese Investment and African Agency", Department of Politics and International Relations, University of Oxford.

Duffield, M. 2007. *Development, Security and Unending War: Governing the World of Peoples.* Cambridge: Polity Press.

Erthal Abdenur, A. 2014. "Emerging Powers as Normative Agents: Brazil and China within the UN Development System." *Third World Quarterly 35*(10): 1876–1893.

Eyben, R., and Savage, L. 2012. "Emerging and Submerging Powers: Imagined Geographies in the New Development Partnership at the Busan Fourth High Level Forum." *Journal of Development Studies 49*(4): 457–469.

Forbes, D. 2010. *The Geography of Underdevelopment: A Critical Survey.* New York: Routledge.

French, L. 2002. "From Politics to Economics at the Thai–Cambodian Border: Plus Ça Change..." *International Journal of Politics, Culture, and Society 15*(3): 427–470.

Gore, C. 2000. "The Rise and Fall of the Washington Consensus as a Paradigm for Developing Countries." *World Development*

28(5): 789–804.

Gore, C. 2013. "The New Development Cooperation Landscape: Actors, Approaches, Architecture." *Journal of International Development 25*(6): 769–786.

Goscha, C. E. 2013. *Thailand and the Southeast Asian Networks of the Vietnamese Revolution*, 1885–1954. Oxon: Routledge.

Gosovic, B. 2016. "The Resurgence of South–South Cooperation." *Third World Quarterly 37*(4): 733–743.

Government of Thailand. 1999. "Economic Aspects of Sustainable Development in Thailand: International Cooperation." http://www.un.org/esa/agenda21/natlinfo/countr/thai/eco.htm (검색일: 2017. 4. 5).

Gray, K., and Barry K. Gills. 2016. "South–South Cooperation and the Rise of the Global South." *Third World Quarterly 37*(4): 557–574.

The Economist. 2016. "High Mountains, Distant Emperors." *The Economist* April 23. http://www.economist.com/news/asia/21697287-aung-san-suu-kyi-extends-wary-welcome-china-tries-regain-lost-influence-high-mountains (검색일: 2017. 4. 5).

IPS. 2016. "South–South Cooperation a Key to SDGs Success, Says G77." IPS News. http://www.ipsnews.net/2016/11/south-south-cooperation-a-key-to-sdgs-success-says-g77/ (검색일: 2017. 4. 5).

Janus, H., S. Klingebiel. and S. Paulo. 2015. "Beyond Aid: A Conceptual Perspective on the Transformation of Development Cooperation." *Journal of International Development* 27(2): 155–169.

Kagame, P. 2009. "Why Africa Welcomes the Chinese." *The Guardian*. November 2. https://www.theguardian.com/commentisfree/2009/nov/02/aid-trade-rwanda-china-west (검색일: 2017. 4. 5).

Kelly, P. F. 2012. *Landscapes of Globalization: Human Geographies of Economic Change in the Philippines*. London: Routledge.

Kim, S. 2011. "Bridging Troubled Worlds? An Analysis of the Ethical Case for South Korean Aid." *Journal of International Development* 23(6): 802–822.

Kim, S., and S. Lightfoot. 2011. "Does "DAC-Ability" Really Matter? The Emergence of Non-DAC Donors: Introduction to Policy Arena." *Journal of International Development* 23(5): 711–721.

Konings, P. 2007. "China and Africa: Building a Strategic Partnership." *Journal of Developing Societies* 23(3): 341–367.

Kothari, U. 2007. "Geographies and Histories of Development." *Journal Fur Entwicklungspolitik* (*Austrian Journal of Development Research*) 23(2): 28–44.

Kragelund, P. 2009. "Part of the Disease Or Part of the Cure? Chinese Investments in the Zambian Mining and Construction Sectors."

The European Journal of Development Research 21(4): 644–661.

Kragelund, P., and P. Carmody. 2016. "The BRICS' Impacts on Local Economic Development in the Global South: The Cases of a Tourism Town and Two Mining Provinces in Zambia." *Area Development and Policy* 1(2): 218–237.

Lampert, B., G. Mohan, D. Chang, and M. Tan–Mullins. 2014. *Chinese Migrants and Africa's Development: New Imperialists or Agents of Change?* London: Zed Books.

Large, D. 2008. "Beyond 'Dragon in the Bush': The Study of China Africa Relations." *African Affairs* 107(426): 45–61.

Lumumba–Kasongo, T. 2011. "China–Africa Relations: A Neo–Imperialism or a Neo–Colonialism? A Reflection." *African and Asian Studies* 10(2-3): 234–266.

Martin, W. G., and R. A. Palat. 2014. "Asian Land Acquisitions in Africa: Beyond the 'New Bandung' or a 'New Colonialism?'" *Agrarian South: Journal of Political Economy* 3(1): 125–150.

Mawdsley, E. 2012. *From Recipients to Donors: Emerging Powers and the Changing Development Landscape.* London: Zed Books.

Mawdsley, E. 2015. "Development Geography 1 Cooperation, Competition and Convergence between 'North' and 'South'." *Progress in Human Geography* 41(1): 108–117.

Mawdsley, E., and G. McCann. 2011. *India in Africa: Changing Geographies of Power.* Cape Town: Pambazuka Press.

Mawdsley, E., L. Savage., and S. M. Kim. 2014. "A 'Post–aid

World'? Paradigm Shift in Foreign Aid and Development Cooperation at the 2011 Busan High Level Forum." *The Geographical Journal 180*(1): 27–38.

Ministry of Foreign Affairs Thailand, & United Nations Thailand. 2005. "Global partnership for development: Thailand's contribution to Millennium Development Goal 8." http://www.eldis.org/go/home&id=20510&type=Document#.WOnuw_nyiX0 (검색일: 2017. 4. 5).

Mohan, G. 2013. "Beyond the Enclave: Towards a Critical Political Economy of China and Africa." *Development and Change 44*(6): 1255–1272.

Moore, D. 1999. "'Sail on, O Ship of State': Neo Liberalism, Globalisation and the Governance of Africa." *The Journal of Peasant Studies 27*(1): 61–96.

Morais de Sá e Silva, M. 2009. "South–South Cooperation: Past and Present Conceptualization and Practice." L. Chisholm and G. Steiner–Khamsi, (eds.), *South–South Cooperation in Education and Development*. pp. 39–59. New York: Teachers College Press.

Moyo, D. 2010. *Dead Aid: Why Aid Is Not Working and How There Is a Better Way for Africa*. New York: Farrar, Straus, and Giroux.

Naim, M. 2007. "Rogue Aid." *Foreign Policy* March/April, pp. 95–96.

NEDA. 2015. "Neighbouring Economies Development Cooperation Agency." http://www.neda.or.th/home/en/content.php?id=164 (검색일: 2017. 4. 5).

OECD-DAC. 2011. "The Busan Partnership for Effective Development Co-operation. OECD." http://www.oecd.org/development/effectiveness/busanpartnership.htm (검색일: 2017. 4. 5).

Okeowo, Alexis. 2013. "China in Africa: The New Imperialists?" *The New Yorker*. 12 June. http://www.newyorker.com/news/news-desk/china-in-africa-the-new-imperialists (검색일 2017. 4. 5)

Power, M., and G. Mohan. 2010. "Towards a Critical Geopolitics of China's Engagement with African Development." *Geopolitics* 15(3): 462-495.

Prachason, S. 2008. "Ayeyawady Chao Phraya Mekong Economic. Cooperation Strategy (ACMECS): Another Perspective from Thailand." A. C. Chandra and J. J. Chavez, eds. *Civil Society Reflections on South East Asian Regionalism: ASEAN@40*. Chapter 10. Manila: South East Asian Committee for Advocacy.

Quadir, F. 2013. "Rising Donors and the New Narrative of 'South-South' Cooperation: What Prospects for Changing the Landscape of Development Assistance Programmes?" *Third World Quarterly* 34(2): 321-338.

Reilly, J. 2012. "A Norm–Taker or a Norm–Maker? Chinese aid in Southeast Asia." *Journal of Contemporary China 21*(73): 71–91.

Renzio, P. de, and Seifert, J. 2014. "South–South Cooperation and the Future of Development Assistance: Mapping Aactors and Options." *Third World Quarterly 35*(10): 1860–1875.

Satō, J., H. Shiga., T. Kobayashi. and H. Kondoh 2010. "How Do 'Emerging' Donors Differ from 'Traditional' Donors? — An Institutional Analysis of Foreign Aid in Cambodia." *JICA-RI Working Paper* No. 2. Tokyo: Japan International Cooperation Agency Research Institute.

Six, C. 2009. "The Rise of Postcolonial States as Donors: A Challenge to the Development Paradigm?" *Third World Quarterly 30*(6); 1103–1121.

Smith, B. 2013. *Understanding Third World Politics: Theories of Political Change and Development*. Hampshire: Palgrave Macmillan.

Soderberg, M. 2010. "Challenges or Complements for the West: Is There an Asian Model of Aid Emerging?" J. S. Sorensen, ed. *Challenging the Aid Paradigm: Western Currents and Asian Alternatives*. pp. 107–137. Palgrave Macmillan.

South China Morning Post. 2016. Indonesian Leader Widodo's Emphasis on Development Boosts China Ties. August 25. http://www.scmp.com/news/china/diplomacy–defence/article/2004622/indonesian–presidents–emphasis–development–boosts–china

(검색일: 2017. 4. 5).

Strangio, S. 2012. "China's Aid Emboldens Cambodia." May 16. http://yaleglobal.yale.edu/content/chinas-aid-emboldens-cambodia (검색일: 2017. 4. 5).

Tan-Mullins, M., G. Mohan. and M. Power 2010. "Redefining "Aid" in the China Africa Context." *Development and Change* 41(5): 857-881.

Taylor, I. 2007. *China and Africa: Engagement and Compromise*. New York: Routledge.

Taylor, I. 2014. *Africa Rising?: BRICS – Diversifying Dependency*. Suffolk: James Currey.

The South Commission. 1993. *The Challenge to the South: The Report of the South Commission*. Oxford: Oxford University Press.

TICA. 2013a. "Ayeyawady-Chao Phraya-Mekong Economic Cooperation Strategy (ACMECS) – Thailand International Cooperation Agency." http://tica.thaigov.net/main/en/aid/40615-Cooperation-Framework.html (검색일: 2017. 4. 5).

TICA. 2013b. "History – Thailand International Cooperation Agency." http://www.tica.thaigov.net/main/en/organize/24389-History.html (검색일: 2017. 4. 5).

TICA. 2016. "Statistics – Total Value of Thai International Cooperation Program (TICP) : FY 1997 ~ FY 2015." http://tica.thaigov.net/main/en/other/4296/24541-Total-Value-of-

Thai-International-Cooperation-Prog.html (검색일: 2017. 4. 5).

Troilo, P. 2015. "Inside the takedowns of AusAID and CIDA." *Devex Newswire*. https://www.devex.com/news/inside-the-takedowns-of-ausaid-and-cida-85278 (검색일: 2017. 4. 5).

UNCTAD. 2013. *Global Investment Trends Monitor: Special Edition, unedited version: The Rise of BRICS FDI and Africa* (Global Investment Trends Monitor). Geneva, Switzerland: United Nations Conference on Trade and Development.

UNDP. 2007. *Thailand Human Development Report 2007: Sufficiency Economy and Human Development*. Bangkok, United Nations Development Programme.

UNDP. 2016. *Good Practices in South-South and Triangular Cooperation for Sustainable Development*. http://www.un.org/sustainabledevelopment/blog/2016/08/new-undp-publication-south-south-cooperation-for-the-sustainable-development-goals/ (검색일: 2017. 4. 5).

Wajjwalku, S. 2011. "Thailand: An Emerging Donor?" KDI and Asia Foundation, eds. *Emerging Asian Approaches to Development Cooperation*. pp. 79-93. Seoul: Korea Development institute and Asia Foundation.

Wolf, C. 2015. "China's Foreign Aid Offensive." https://www.rand.org/blog/2015/06/chinas-foreign-aid-offensive.html (검색일: 2017. 4. 5).

Woods, K. 2015. "CP Maize Contract Farming in Shan State,

Myanmar: A Regional Case of a Place–based Corporate agro–feed System." A paper presented at the International Conference on "Land Grabbing, Conflict and Agrarian Environmental Transformations: Perspectives from East and Southeast Asia," June 5–6, Chiang Mai University.

Yoshimatsu, H. 2008. *The Political Economy of Regionalism in East Asia: Integrative Explanation for Dynamics and Challenges.* New York: Palgrave Macmillan.

3. 동남아에서 중국의 영향력 확대와 베트남의 대응: 관계 다변화와 지역 정체성 강화

이한우

3 동남아에서 중국의 영향력 확대와 베트남의 대응: 관계 다변화와 지역 정체성 강화

이한우

I. 서론

중국이 경제적으로 급성장하면서 그 세계적 지위가 부상하였고 영향력이 증대하였다. 이러한 현상은 특히 동남아에서 두드러지게 나타났다. 중국의 영향력은 평화적으로 대 동남아 접근을 강화하는 동시에 무력으로 국가 이익을 주장하는 것으로도 나타났다. 중국의 동남아 각국, 특히 대륙부 국가들에 대한 경제적 지원은 평화적 영향력 확대의 대표적 사례다. 한편, 최근 남중국해에서 중국과 동남아 국가들, 특히 베트남과의 격돌은 중국의 무력을 통한 영향력 증대를 반증한 것이었다. 중국은 특히 2000년대 중반 이래 남중국해에서 영유권을 드러내게 주장하였고, 이에 따라 주변국들의 중국의 부상에 대한 경계심이 어느 때보다 강하게 되었다. 이에 대해 특히 베트남인들은 대 중국 항전의 목소리를 드높였다.

2011년 5월에는 중국 해양순시선이 베트남의 배타적 경제수역에서 작업중이던 베트남 탐사선의 케이블을 절단하는 사건을 일으켜 양국간 긴장을 고조시켰다. 베트남은 2011년 6월에 남중국해상에서 실탄사격훈련을 하였고, 국민들은 반중 시위에 나섰다. 중국 언론은 "응우옌떤중 베트남 수상이 군부의 요청으로 전시 징병기준을 정한 징병 명령에 서명했다"는 소식과 베트남 군부 고위 인사가 "중국이 시사군도를 무력으로 점령하면 우리는 육로로 베이징을 공격할 것"이라는 소식을 보도하면서 양국간 긴장사태는 격화되었다(최유식 2011).[1] 그러나 베트남 수상이 서명한 "베트남 전시 참전면제 대상자법"은 전시에 징병에서 제외되는 자의 범위를 정한 것이라는 사실이 알려지면서 긴장이 확대되지는 않게 되었다(장병호·김기수 2011). 이 사건 전후에도 중국 해양순시선이 베트남 어선을 위협하는 등 긴장은 지속되었다. 2014년 5월에는 파라셀 군도 내 베트남이 배타적 경제수역이라고 주장하는 지역에 중국이 원유 굴착장비를 설치하려고 하자 베트남이 이에 항의하였고, 양국 선박이 충돌하는 사건이 발생하였다. 이때 베트남에서 반(反)중국 시위는

---

1 중국이 '시사군도'라고 하는 파라셀 군도는 이미 1974년 중국에 점령된 상태이기에, 이 보도는 사실에 부합하지 않는다.

어느 때보다도 더 격렬하게 전개되었다. 중국의 행위를 비난하며 남부 빈즈엉 성의 공업단지에서는 노동자들이 폭도로 변하여 중국, 대만 등 중화권 투자기업에 방화하고 기물을 파괴하였고, 이 과정에서 한국 등 일부 외국인 투자기업도 피해를 입었다. 중국이 7월에 원유 굴착장비를 철수하여 양국간 무력충돌은 피할 수 있었으나, 이후에도 남중국해에서 양국간 긴장은 계속되었다. 그런 가운데, 2016년 7월 네덜란드 헤이그 상설중재재판소가 필리핀이 제출한 남중국해 영유권 분쟁과 관련하여 중국의 9단선 내 남중국해 영유권 주장을 인정하지 않음으로써, 베트남을 비롯한 동남아 각국의 중국에 대한 입지는 강화되었다. 그러나 베트남은 중국을 자극하지 않기 위해 판결을 환영한다고 발표하면서도 중국이 이를 받아들여야 한다고 요구하지는 않았다(김문성 2016). 이렇게 남중국해를 둘러싸고 중국과 동남아 각국, 특히 베트남 간의 긴장은 지속되고 있다.

중국은 그간 경제성장으로 세계적 강국이 된 것에 걸맞게 국제적 위상을 확보하고자 노력해 왔다. 그간 급속한 경제성장을 바탕으로 G2로 부상한 중국의 이러한 대외전략의 변화는 동아시아뿐 아니라 세계 질서에 매우 중요한 영향을 미치고 있다. 중국은 그간 "빛을 감추고 힘을 기른다"는 '도광양회'(韜光養晦) 대외전략으로부터 2002년 11월 후진타오(胡錦濤) 지도부의 출범과 함께 '화평굴기'(和平崛起) 또는 '화평발전' 대외전략을 통해, 세계적 강국으로의 부상을 표방하면서도 각국의 경계심을 의식하여 평화적으로 부상한다는 전략을 수행해 왔다. 그러나 최근 중국의 대외적 행태를 보면

서 각국은 중국이 평화적으로 부상하고 있는가에 대하여 의문시하였고, 중국에 대한 신뢰는 저하되었다.[2]

이러한 중국의 부상에 대한 동남아 국가들의 인식과 입장은 어떠한가? 동남아는 중국과 접해 있고, 화교의 70%가 거주하는 곳으로 중국과 경제적·안보적으로 매우 깊이 관련을 맺고 있다. 따라서 중국이 부상하는 시기에 중국의 동남아에 대한 전략과 이에 대한 동남아의 인식 및 전략을 탐구하는 것은 한국의 대 중국 및 동남아 외교정책을 수립하는 데 필요한 정책적 함의를 찾는 데 매우 중요하다.

이 연구는 동남아에서 역사적으로 중국과 가장 갈등관계가 깊고 중국이 동남아로 접근하는 데 지정학적으로 중요한 베트남을 사례로 하여 중국에 대한 인식과 대응 전략을 탐색하고자 한다. 중국은 사회주의 국가로서 베트남전쟁 중 베트남을 지원하여 통일을 이루는 데 기여하였으나, 베트남 통일 후 곧 냉각관계에 들어갔고, 베트남의 캄보디아 침공에 대한 응징으로 1979년 베트남을 침공하여 전쟁을 치르기까지 하였다. 이후 탈냉전 시기에 들어, 양국은 1991년 11월 양국 관계를 정상화하고 협력을 확대해 오고 있으나, 국경문제, 남중국해 영유권 문제 등으로 갈등 요인을 여전히 안고 있었다. 더불어 중국이 베트남과 우호관계에 있던 캄보디아와 라오스에 영향력을 확대하고 있어 베트남은 경계심을 강화하고 있다. 이

---

2 이에 대한 반성으로 중국 군부 내에서는 다시 '도광양회' 대외전략을 고수해야 한다는 주장이 제기되기도 하였다(신삼호 2011).

러한 중국과 베트남의 협력과 갈등 관계는 중국의 부상에 따라 어떠한 변화를 겪고 있는가에 대하여 연구하고자 한다.

이에 따라 이 연구는 먼저 베트남과 중국 간 관계의 역사적 연원과 양국간 쟁점을 검토하고, 중국의 베트남에 대한 대외전략을 검토하는 가운데 중국에 대한 베트남의 인식과 대응전략을 탐색하고자 한다. 이 연구를 수행하기 위해, 본 저자는 우선 관련 문헌자료를 수집하고 분석하며, 베트남 내에서 관련자들과의 면담을 통하여 추가적 정보를 수집하여 활용하였다. 베트남의 중국에 대한 일반적 인식과 전략을 체계적으로 보여 주는 자료가 없어 다양한 간행물 및 관련 논문들을 통해 양국관계의 전개과정 및 양국의 대외전략을 탐구하였다. 더불어, 베트남 정책결정자들의 대 중국 인식과 정책을 이해하기 위하여 베트남에서 외교관, 중국 관련 연구자들을 면담하여 중국의 동남아 정책에 대한 베트남의 인식과 베트남의 대 중국 정책의 주안점을 파악하고자 하였다.

II. 관계정상화 이후 양국 관계

1. 전개 과정

중국과 베트남 양국은 1991년 11월 관계정상화 이후 1994년 장쩌민 중국공산당 총서기 겸 국가주석의 베트남 방문, 1997년 도

므어이(Do Muoi) 베트남공산당 총비서의 중국 방문을 비롯한 최고위 지도자들의 상호 방문을 통해 우호관계를 급속히 회복하였다. 1999년 2월 말~3월 초 레카피에우(Le Kha Phieu) 베트남공산당 총비서가 중국을 방문하였을 때, 양국은 "장기안정, 미래지향, 선린우호, 전면협력"을 21세기 양국관계의 '16자 방침'(16字方針)으로 정하였다.[3] 또한 국가주석 쩐득르엉(Tran Duc Luong)과 국가부주석 후진타오는 2000년 12월 "신세기 포괄적 협력을 위한 공동성명"을 발표하여 장기적 양자 협력의 기초를 마련하였다. 장쩌민은 2002년 2월 베트남 방문시 '16자 방침'을 재확인하고, "좋은 이웃, 좋은 친구, 좋은 동지, 좋은 동반자"(好隣居, 好朋友, 好同志, 好伙伴)의 '4개 좋은 정신'(四好精神)을 제시하여 양자관계를 발전시키기로 하였다. 2004년에도 판반카이(Phan Van Khai) 베트남 수상이 5월에 중국을 방문하였고, 10월에 원자바오 중국 총리가 제5차 ASEM 회의 참석차 베트남을 방문하여, '16자 방침'에 기반하여 양국관계를 강화하기로 합의한 바 있고, 2005년 7월에는 쩐득르엉 국가주석이 중국을 방문하였다. 2005년 10~11월 후진타오 총서기 겸 국가주석의 베트남 방문시 양국은 이를 재확인하였고, 후진타오 국가주석은 베트남 국회 연설에서 중국–베트남 양국이 "山水相連, 文化相通, 理想相同, 命運相關"하다고 언명하였다(于向東 2008, 125-126).[4] 또한, 양국은 경제협

3 베트남은 16자 방침의 순서를 "선린우호, 전면협력, 장기안정, 미래지향"으로 하여, 자국의 희망을 나타냈다(Tran Xuan Nhiem 2009, 228).

4 양국은 이후 2008년 6월에 포괄적 · 전략적 협력 동반자 관계를 수립하기에 이르렀다.

력관계를 강화하기 위한 일환으로 양국 국경지대를 연결하는 "2개의 회랑, 하나의 벨트"(two corridors and one belt)라는 경제성장지대를 발전시켜 가자는 데 합의하였다. 양국은 2004년에 이미 양국 국경을 지나는 2개의 경제회랑(economic corridor) 건설에 대한 협의를 시작하여, 국경지역에서 경제협력관계를 강화하기로 합의하였다. 경제회랑은 중국의 윈난성 쿤밍(昆明)과 베트남의 라오까이(Lao Cai)—하노이(Ha Noi)—하이퐁(Hai Phong)을 잇는 선과, 중국의 광시자치구 난닝(南寧)과 베트남의 랑선(Lang Son)—하노이—하이퐁으로 이어지는 선이다. '하나의 벨트'는 중국의 광시자치구, 하이난(海南) 섬, 광동성과 베트남의 북부해상지역을 연결하는 벨트이다. 양국은 이 회랑과 벨트가 통킹만을 지나, 아세안자유무역지대(AFTA)로 이어지는 경제통로가 되기를 희망하고 있다.

한편, 양국은 안보분야에서도 협력하기 시작하였다. 양국은 2005년 4월 연례안보협의회를 개시하였고, 2010년 11월 전략안보대화를 시작하였다. 2005년 10월에는 베트남 팜반짜(Pham Van Tra) 국방부 장관이 중국을 방문하여 중국 국방부 장관 자오강추완(曺剛川)과 양국 해군합동순찰에 합의하였다. 2006년 4월 양국 해군은 통킹만에서 합동해상순찰을 수차례 실시하였고, 동년 12월에도 통킹만에서 제2차 합동순찰을 실시하였다(于向東 2008, 129). 2006년의 중국—베트남 합동해상순찰은 중국으로서는 처음으로 외국과 합동으로 수행한 것이었다(Dosch & Vuving 2008, 14).

양국 국방 장관의 상호방문은 1991~2010년간 베트남 장관의 중국 방문 7회에 비해 중국 장관의 베트남 방문 2회로 불균형적이었다(Thayer 2011, 41). 중국 군함의 베트남 기항은, 2001년 11월 장웨이 II(Jangwei II)가 베트남 통일 이후 처음으로 호찌민시에 기항한 이후, 2008년 11월, 2009년 8월에도 이루어졌고(Thayer 2010b, 397), 베트남 군함은 2009년 6월 중국 광뚱에 기항하여 관계정상화 이후 처음으로 중국 항구에 기항하였다. 이러한 실적은 2003~2010년간 미국 군함의 베트남 기항 횟수 14회에 대비된다(Thayer 2011, 43-45). 더불어 미국은 2006년 베트남에 대한 군사물자 판매를 부분적으로 허용한 이후, 2016년 5월 오바마 대통령의 베트남 방문 시 베트남에 대한 살상무기 판매 금지 조치를 해제하였다. 이상의 성과를 보면 안보분야에서 베트남과 중국의 협력은 상대적으로 많이 진전되지는 않았음을 알 수 있다.

2. 경제 관계

베트남과 중국 양국간 경제협력은 교역과 투자, 경제원조 등으로 전개되었다. 양국간 경제관계의 특징은 교역이 활발히 이루어지고 있고, 특히 중국이 베트남의 제1위 수입대상국의 위치에 있다는 것이다. 이에 반해, 그간 중국의 베트남에 대한 직접투자는 비교적 저조한 편이었으며, 최근에 증가하고 있는 추세다.

1) 교역

개혁, 개방 이래 베트남은 수출 확대에 진력해 왔다. 베트남의 총 교역액은 전면적 개혁을 선언하던 해인 1986년 30억 달러에 불과하였다. 총 교역액은 2000년 301억 달러로부터 2010년 1,570억 달러로 10년 만에 5배 증가하였고, 2015년 3,276억 달러로 5년 만에 2배 증가하였다. 근래 베트남의 주요 교역대상별 교역액의 변화 추세를 〈표 1〉에서 보면, 전체 교역 중 아세안과의 교역 비중이 2000년 23.5%로부터 2015년 12.8%로 감소하고 일본과의 교역 비중이 2000년 16.2%로부터 2015년 8.7%로 절반 정도 감소한 반면, 중국과의 교역 비중은 2000년 9.8%로부터 2015년 20.3%로 두 배 증가하였다. 같은 기간에 베트남과 한국과의 교역 비중은 7%에서 11.2%로, 미국과의 교역 비중은 3.6%로부터 12.6%로 대폭 증가하였다. 이런 추세는 동남아 역내 국가 및 일본과의 교역 비중이 점차 축소하고, 중국에 대한 비중이 높아지는 현상을 나타낸다. 동시에 베트남의 한국과 미국에 대한 교역 비중도 높아졌음을 보여 준다. 이로써 베트남의 중국에 대한 교역의존도는 계속 증가하고 있어, 베트남 경제의 취약성을 심화하고 있다. 베트남이 한국, 미국 등 국가들과의 교역 비중을 증가시킴으로써 그나마 다변화를 꾀하고 있다고 평가할 수 있다.

표 1 베트남의 국가/지역별 교역액

(단위: 백만 USD)

연도	2000	2001	2002	2003	2004	2005	2006	2007	2008	2009	2010	2011	2012	2013	2014	2015
교역 총액	30119.2	31247.1	36451.7	45405.1	58453.8	69208.2	84717.3	111326.1	143398.9	127045.1	157075.3	203655.5	228309.6	264065.5	298066.2	327587.1
아세안 교역액	7068.0	6725.9	7204.1	8902.6	11824.6	15069.8	19179.2	24018.5	29905.4	25222.6	26772.2	34566.2	38246.8	39871.5	42025.3	42061.4
총 교역액 중 아세안 비중(%)	23.5	21.5	19.8	19.6	20.2	21.8	22.6	21.6	20.9	19.9	17.0	17.0	16.8	15.1	14.1	12.8
중국 교역액	2937.5	3023.6	3677.1	5021.7	7494.2	9127.8	10634.1	16356.1	20823.7	20814.3	27946.5	36479.7	41871.0	50064.2	58575.9	66608.0
총 교역액 중 중국 비중(%)	9.8	9.7	10.1	11.1	12.8	13.2	12.6	14.7	14.5	16.4	17.8	17.9	18.3	19.0	19.7	20.3
일본 교역액	4876.1	4692.9	4941.7	5890.7	7094.7	8414.4	9942.2	12278.9	16708.1	13172.0	16743.8	21492.4	24666.6	25102.5	27531.9	28492.4
총 교역액 중 일본 비중(%)	16.2	15.0	13.6	13.0	12.1	12.2	11.7	11.0	11.7	10.4	10.7	10.6	10.8	9.5	9.2	8.7
한국 교역액	2106.2	2292.7	2748.3	3117.5	3967.5	4257.7	4751.3	6583.8	9048.7	8785.4	12849.8	18042.6	21116.3	27360.8	28896.0	36552.2
총 교역액 중 한국 비중(%)	7.0	7.3	7.5	6.9	6.8	6.2	5.6	5.9	6.3	6.9	8.2	8.9	9.2	10.4	9.7	11.2
미국 교역액	1096.2	1476.1	2911.1	5081.9	6158.7	6786.9	8832.1	11805.0	14533.4	14117.7	18005.0	21484.6	24491.6	29076.3	34921.7	41257.7
총 교역액 중 미국 비중(%)	3.6	4.7	8.0	11.2	10.5	9.8	10.4	10.6	10.1	11.1	11.5	10.5	10.7	11.0	11.7	12.6

주: 2015년 통계는 추산치.

출처: GSO 2005, 367-369; GSO 2006, 426-428, 433-435; GSO 2010, 453, 456-458, 463-465; GSO 2013, 531-533, 539-541; GSO 2016, 548, 552-553, 560-562.

베트남과 중국과의 교역에 대하여 좀 더 상세히 보자. 베트남은 중국과의 교역에서 1998년을 예외로 2000년까지 경상수지 흑자를 보았다. 2001년 이래 베트남은 대 중국 교역에서 계속 적자를 보고 있으며, 그 적자폭은 지속적으로 증가하고 있다. 베트남의 대 중국 교역에서 경상수지 적자는 2001년에 약 2억 달러에서 2015년 약 324억 달러로 증가하였다. 베트남이 2007~2011년간 전체 교역에서 경상수지 적자를 많이 냈는데, 연간 적자액은 100억에서 180억 달러 사이였다. 이 기간에 베트남의 대 중국 교역에서 경상수지 적자는 연간 90억에서 130억 달러 사이였기에, 대 중국 교역 적자액이 베트남 전체 교역 적자액의 70~90%에 해당하는 수준이었다. 베트남이 외국인 투자기업의 수출에 힘입어 2012년 이래 전체 교역에서 흑자를 보고 있지만, 대 중국 교역에서 적자액은 매년 증가하여 2012년 162억 달러로부터 2015년 324억 달러로 3년 만에 2배 증가하였다(표 2 참조). 베트남의 중국에 대한 적자는 2008년의 경우 인도네시아, 말레이시아, 필리핀, 싱가포르, 캄보디아 등 여타 동남아 국가들의 대 중국 교역 적자의 5배나 되는 정도였다(Tu Thuy Anh & Nguyen Binh Duong 2011, 254).

베트남의 중국과의 교역품 구성을 2010년의 경우로 들어 보자. 베트남의 중국으로의 상위 10위 수출품은 석탄, 컴퓨터 및 액세서리, 카사바 및 그 가공품, 목재 및 목제품, 석유, 원유, 기계 및 기구, 캐슈넛, 해산물, 신발 등이었다. 여기에서 컴퓨터 및 액세서리(9.02%), 기계 및 기구(3.43%)를 제외한 상위 10개 품목 중 천연자원,

원재료 및 가공품이 전체 수출에서 차지하는 비중은 60.8%에 달했다. 반면, 중국으로부터의 상위 10위 수입품은 기계 및 기구 및 도구, 섬유, 컴퓨터 및 전자 기기 및 액세서리, 철강, 석유, 직물(가죽, 신발) 등 원재료, 비료, 철강제품, 화학약품, 화학제품 등이었고, 그 비중은 전체 수출품 중 68.3%였다(Tu Thuy Anh & Nguyen Binh Duong 2011, 284-285). 이처럼 베트남의 중국으로의 수출품은 천연자원과 원재료가 많은 반면, 중국으로부터 베트남으로의 수입품은 기계, 기구 및 공산품이 큰 비중을 점하고 있다. 이러한 베트남의 천연자원 및 원재료 중심의 수출과 중국으로부터 공산품 중심의 수입이라는 교역상의 위계는 단기간에 바뀌지 않을 것이다.

일반적으로 베트남의 교역 적자가 증가하는 것은, 베트남의 국내 생산품이 국내 소비를 충족시키지 못하기 때문이며, 국내 생산이 비효율적이기 때문이다. 또한, 베트남 내 공산품 생산에 필요한 원재료와 중간재를 수입해야 하기 때문에 공산품 수출이 증가할수록 수입도 증가하고 있다. 한 연구는 수출하는 공산품에 사용되는 원재료와 중간재의 80~90%를 수입한다고 분석하였다(Tu Thuy Anh & Nguyen Binh Duong 2011, 271). 따라서 베트남의 공산품 수출이 증가할수록 원재료나 중간재 수입 증가로 중국으로부터의 수입도 증가하는 현상을 보이며, 한국 등 국가로 수입선을 다변화할 수 있으나 한국에 대한 교역 적자도 적지 않은 상황이다.

표 2 베트남의 대 중국 교역

(단위: 백만 USD)

연도	1995	1996	1997	1998	1999	2000	2001	2002	2003	2004	2005	2006	2007	2008	2009	2010	2011	2012	2013	2014	2015
교역액	691.6	669.2	878.5	955.1	1542.3	2937.5	3023.6	3677.1	5021.7	7494.2	9127.8	10634.1	16356.1	20823.7	20814.3	27946.5	36479.7	41871.0	50064.2	58575.9	66608.0
베트남의 경상수지	32.2	11.2	69.7	-74.9	175.5	135.3	-188.8	-640.5	-1255.5	-1696.0	-2671.6	-4148.5	-9063.9	-11123.5	-10008.3	-12460.7	-13253.1	-16199.0	-23708.8	-28719.3	-32389.4
중국으로의 수출액	361.9	340.2	474.1	440.1	858.9	1536.4	1417.4	1518.3	1883.1	2899.1	3228.1	3242.8	3646.1	4850.1	5403.0	7742.9	11613.3	12836.0	13177.7	14928.3	17109.3
수출 총액 중 비중(%)	6.6	4.7	5.2	4.7	7.4	10.6	9.4	9.1	9.3	10.9	9.9	8.1	7.5	7.7	9.5	10.7	12.0	11.2	10.0	9.9	10.6
중국으로부터의 수입액	329.7	329.0	404.4	515.0	683.4	1401.1	1606.2	2158.8	3138.6	4595.1	5899.7	7391.3	12710.0	15973.6	15411.3	20203.6	24866.4	29035.0	36886.5	43647.6	49498.7
수입 총액 중 비중(%)	0.4	3.0	3.5	4.5	5.9	9.0	9.9	10.9	12.4	14.4	16.0	16.5	20.3	19.8	22.0	23.8	23.3	25.5	27.9	29.5	29.9

주: 2015년 통계는 추산치.

출처: GSO 1998, 272, 276; GSO 2001, 403, 405; GSO 2005, 367; GSO 2006, 426, 433; GSO 2010, 456, 463; GSO 2013, 531, 539; GSO 2016, 552, 560.

2) 직접투자 및 원조

중국의 베트남에 대한 직접투자 추이를 보면, 베트남이 '도이머이' 정책을 채택하고 15년 경과한 2000년 시점에도 중국의 투자는 매우 적은 수준이었다. 중국은 대 베트남 투자국 순위에서 2000년에 28위에 처했다가 이후 투자를 증가시켜 2015년에 9위로 상승하였다. 중국의 투자금액은 2015년에 등록 자본 기준 전체 외국인 직접 투자액의 3.6%에 불과하였다. 이 비중은 한국의 투자 비중 16%, 일본의 비중 14%에 비해 현저히 낮은 수준이다(GSO 2016, 235). 반면, 중국은 베트남 내 직접투자보다는 프로젝트의 계약자로서 참여하는 경우가 많은데, 중국 기업들이 토목공사, 정부수매, 건설 분야 등에서 사업을 담당한다. 예컨대, 전기, 광산, 원유, 야금, 화학 관련 프로젝트의 90%는 중국이 담당한다. 중국 기업은 자신의 기계, 기술, 원료, 비숙련 및 숙련 노동자 등을 베트남 내로 이동하여 생산하는 특성을 보인다. 이에 따라 베트남은 고용을 창출하고 기술을 습득할 기회를 갖지 못한다(Tu Thuy Anh & Nguyen Binh Duong 2011, 271-275). 이런 양국간 경제관계의 추세는 베트남의 중국에 대한 경제적 취약성을 높이며, 그만큼 베트남의 경제 안보에 부정적으로 작용한다.

표 3 베트남에 대한 중국의 직접투자

(단위: 백만 USD)

연도	2000	2003	2006	2009	2012	2015
전체 투자액	39100.8	45776.8	78248.2	194429.5	210521.6	281882.5
중국 투자액	151.0	481.8	1242.3	2930.3	4697.2	10174.2
총 투자액 중 중국 비중(%)	0.4	1.1	1.6	1.5	2.2	3.6
투자국 중 중국의 순위	28	18	16	16	11	9

주: 등록자본 기준, 1988년 이래 각년도 말까지 누계.

출처: GSO 2001, 366-367; GSO 2004, 301-303; GSO 2007, 101-103; GSO 2010, 117; GSO 2013, 175; GSO 2016, 235.

중국의 베트남에 대한 원조는 여전히 적은 수준이다. 예컨대, 2006~2009년간 중국이 베트남에 공여한 ODA는 연간 900만~1900만 달러 사이에 머물렀는데, 이는 같은 기간에 한국이 베트남에 공여한 무상원조 금액만도 연간 800만~1800만 달러 사이였던 것에 대비된다. 중국의 대 베트남 ODA는 2010년에야 1억 달러를 상회하였다(Tu Thuy Anh & Nguyen Binh Duong 2011, 260).

3. 남중국해 문제[5]

중국과 베트남은 안정적 질서를 바탕으로 국가 발전을 도모하려는 공통의 이해를 갖고 있다. 양국은 육상 국경과 통킹만 해상

5 이 부분은 이한우(2003)로부터 일부 관련 부분을 가져와 보완한 것이다.

의 경계선 획정에 대해 합의하였으나, 파라셀(Paracel) 군도와 스프래틀리(Spratly) 군도를 포함하는 남중국해 문제는 양국 관계에서 해결할 수 없는 난제로 남아 있다.

1) 갈등의 연원

남중국해는 중국 남부, 동남아시아의 북부에 위치한 해상지역으로, 파라셀 군도, 스프래틀리 군도 등을 포함하고 있다. 파라셀 군도는 베트남-중국 양국간, 스프래틀리 군도는 양국을 포함한 다국간 갈등 해역이다. 이들 해역을 베트남은 각각 호앙사(Hoang Sa) 및 쯔엉사(Truong Sa) 군도로, 중국은 시사(西沙) 및 난사(南沙) 군도로 달리 부르고 있다. 이 해역은 중국과 동남아시아 각국 간 경제적 및 안보상 이익이 첨예하게 대립하는 지역이다. 이 해역이 동북아시아와 동남아시아를 연결하는 해상교통로라는 점에서 이 지역에서의 분쟁은 아시아 전체 국가의 안보에 대한 위협으로 이어지게 된다. 또한 이 해역에는 다량의 천연자원이 매장되어 있는 것으로 추정되어 경제적으로도 높은 가치를 지닌다. 특히, 여러 국가 간의 분쟁지역인 스프래틀리 군도는 230여 개의 섬, 암초, 환초, 사주(모래톱) 등으로 구성된 80만 km^2에 달하는 지역으로, 다량의 천연자원이 매장되어 있다고 추정된다. 예를 들어 원유매장량은 300억 톤에 이른다고 평가되기도 한다(Tran Truong Thuy 2011, 42).

남중국해 해상 영유권 분쟁이 격화된 것은 1982년 UN에서 해양법협약이 채택되어 영해의 범위를 종전의 국제관습법상 3해리에서 12해리로 확장하고 배타적으로 개발할 수 있는 수역을 규정함에 따라 각국이 12해리 영해와 200해리 배타적 경제수역(EEZ)을 선포하면서부터였다. 베트남-중국 양국간에도 파라셀 군도와 스프래틀리 군도를 둘러싸고 영유권 분쟁이 벌어졌다. 양국은 이 지역이 자국의 영유권 하에 있다고 주장해 오고 있으며, 상호간 '말의 전쟁'을 수행해 왔다(Tonnesson 2000, 203). 중국은 남중국해를 "역사적 수역"(Historic Waters)이라며 역사적 근거를 들어가며 영유권을 주장하는 반면, 베트남은 역사적 근거와 함께 국제법 및 실효적 지배에 근거하여 영유권을 주장한다. 중국은 당나라 시대부터 이 지역을 지배하였다고 주장하며, 심지어는 후한(後漢) 시대(25~220)부터 남중국해에 출항했다는 기록을 들기도 한다. 베트남은 17세기부터 20세기 후반 중국이 이 지역을 침략할 때까지 파라셀 군도와 스프래틀리 군도 지역을 실질적으로 점유해 왔다고 주장한다. 베트남은 응우옌(Nguyen) 왕조 때부터 파라셀 군도의 천연자원을 이용하기 위한 상사를 설립하였고, 프랑스 식민지 시기 파라셀 군도와 스프래틀리 군도를 점령하였으며 프랑스가 철수하면서 이를 베트남에 이관하였다고 한다. 베트남은 통일 이후 스프래틀리 군도 전 지역을 자국 영토로 표기하는 지도를 발간하여 영유권을 주장하였다.

이 지역은 본래 각국이 자국의 영토 내에 포함하고 있지 않던 지역이었다. 일본이 1939년 점령 당시에 중국도 자국의 영유권을 주장하고 있지 않았고, 일본은 이를 당시 점령하고 있던 타이완(臺灣) 까오슝(高雄) 시의 관할권 하에 두었다. 일본은 1945년 패전 후, 타이완, 펑후(澎湖), 파라셀 군도, 스프래틀리 군도 지역에 대한 권리를 방기해 버렸다. 일본 항복 후 1947년 국민당 정부의 중화민국이 이 가운데 이투 아바(Itu Aba, 중국명 太平島)에 처음으로 군대를 주둔시켰다. 이후 1949년 10월 중국 대륙이 공산화된 후 중화인민공화국은 일본이 방기한 섬은 중국에 귀속한다고 선언하였다. 한편, 국민당군은 대륙에서 패하면서 이투 아바 섬에서도 철수하였다. 제2차 대전이 끝난 직후 각국이 영해를 3해리로 한정한 상황에서 이 지역에 대한 영유권을 주장하는 국가는 없었다(岡部達味 1996, 146). 이후 1956년 필리핀이 스프래틀리 군도 지역의 북부에 있는 리드 뱅크(Reed Bank, 필리핀명 칼라얀 섬)의 영유권을 주장하자, 타이완이 다시 이투 아바를 점령하기도 하였다.

중국은 당시 파라셀 군도에 대해 주목하고 있었는데, 1974년 1월에는 중국–남베트남 간 전투에서 승리하여 이 군도 서남부 지역을 점령함으로써 파라셀 군도 전체를 점령하였다. 중국 측에 따르면 당시 북베트남은 중국의 행위에 반론을 제기하지 않았다고 한다(岡部達味 1996, 147). 그러나, 1975년 통일 이후 베트남은 남베트남이 남긴 모든 권리를 승계한다고 공포하고, 파라셀 군도와 스프래틀리 군도에 대한 영유권을 주장하였다.

중국은 1987년 이 지역에 본격적으로 개입하기 시작하여 스프래틀리 군도 해역에서 두 차례 해군 훈련을 하였고, 1988년 3월에는 중국이 존슨 사우스 리프(Johnson South Reef, 베트남명 Gac Ma) 해역에서 베트남과 충돌하는 사건이 발생하였다. 이 사건으로 베트남 선박 두 척이 침몰하였고 베트남 해군 64명을 포함하여 총 72명이 사망하였으며, 중국은 6개 섬을 점령하였다(Dobson & Fravel 1997, 258-9; 岡部達味 1996, 148). 그 후 중국은 1992년 2월에 영해법을 공포하고 남중국해의 군도 및 일본과의 분쟁지역인 센카쿠/댜오위다오(釣魚島)를 중국령에 속한다고 선언하였다. 그리고 중국은 같은 해 5월 곧 남중국해의 와난탄(Wanantan, 베트남명 뚜찐 Tu Chinh) 지역에 대한 석유채굴권을 미국 크레스톤(Crestone) 에너지 회사에 부여하는 계약을 체결하였고, 1994년 4월에 중국원양석유공사(Offshore Petroleum Corporation)는 크레스톤과 합동으로 이 지역에서 석유 탐사작업을 시작하였다. 베트남은 이 지역이 자국의 배타적 경제수역(EEZ) 내에 있어 중국과 크레스톤과의 계약은 무효라고 주장하였으며, 중국은 당초 계획한 작업을 완료했다고 하면서 이 지역에서 철수하여 분쟁이 확대되지는 않았다. 베트남은 1994년 10월 인접 해역에서 베트남-소련 합자기업인 비엣솝페트로(Vietsovpetro)가 모빌과 계약을 체결하고 굴삭을 시작하도록 하였고 1996년 4월 다른 미국 기업 코노코에게 이 지역에 대한 탐사권을 부여하는 계약을 체결하였다(Ang Cheng Guan 1998, 1128). 이후에도 중국은 남중국해에서 원유 채굴에 참여하는 외국 기업에 대해 압력을 가해 작업을 중지하도록 하고 있다(Tran Truong Thuy 2011, 40-41).

현재 중국과 타이완은 남중국해 80%에 해당하는 영역에 대한 영유권을 주장하고 있고, 베트남은 파라셀 군도 및 스프래틀리 군도 전체에 대해 자국의 영유권을 주장하고 있으며, 동남아시아 몇 개국이 이 지역에서 부분적으로 영유권을 주장하고 있다. 실제 점령하고 있는 섬, 암초 등은 베트남 29개, 중국 7개, 타이완 2개, 필리핀 8개, 말레이시아 5개라고 알려져 있다(張海文 2014, 42-43).

2) 갈등 관리 노력과 한계

베트남은 우선적으로 양국간 대화를 통한 평화적 분쟁 해결에 주안점을 두고 있지만, ASEAN 및 미국과의 협력관계를 통하여 중국의 세력 확대를 견제하고자 한다. 베트남이 1995년 ASEAN에 가입하고 미국과 수교하면서 스프래틀리 군도 문제는 양국 간의 문제만이 아니라 국제적 안보와 결부되었다. ASEAN 국가들은 평화적 분쟁 해결에는 모든 당사자들이 동의하나 남중국해 문제에 관하여 아직 구체적 합의를 보지는 못하고 있다. 미국은 이 지역에서 중국의 과도한 세력 확대로 인한 분쟁 발생에 대하여 경고하고 항행의 자유를 보장하도록 요구하고 있다. 이렇게, 남중국해를 둘러싼 각국 간의 갈등은 국내외적 여러 요인이 중첩되어 있으며, 그 해결가능성은 아직 보이지 않는다.

남중국해 분쟁과 관련하여 1992년 7월 ASEAN 외무장관회의는 "남중국해 선언"을 발표하여 분쟁을 평화적으로 해결할 것을 호소하였고, 각국은 1993년 7월에 아세안지역안보포럼(ARF: ASEAN

Regional Forum)을 창립하여 역내 안보문제에 대한 다자간 협의를 개시하였다. 이후 중국과 아세안 국가들은 2002년 11월 제6차 아세안-중국 정상회담에서 "남중국해 당사국 행동선언"(The Declaration on the Conduct of Parties in the South China Sea)에 서명하여 이 지역에서 평화적 분쟁 해결, 갈등적 행동 자제 및 해양활동 관련 협력에 합의하였다.

베트남과 중국은 스프래틀리 군도의 영유권과 관련한 문제를 1994년 8월 양국의 차관급회의에서 처음으로 논의하였지만, 별다른 성과를 보지 못하였다. 이후 양국은 1994년 11월 장쩌민의 하노이 방문시 공동실무위원회를 설치하여 스프래틀리 문제를 논의할 것을 결정하였고, 1995년 11월에 스프래틀리에 관한 공동실무위원회 제1차 회의를 개최하였다(Ang Cheng Guan 1998, 1129).

이러한 합의에도 불구하고 남중국해에서 관련 국가간 갈등은 계속되어 왔다. 이러한 가운데서도 중국은 1998년 2월과 3월에 파라셀 군도에 위성기지국을 설치하고, 스프래틀리 군도에 전화 부스를 설치했다고 알려진 바와 같이(Ang Cheng Guan 1998, 1133), "한편으로 대화하면서 다른 한편으로 잠식해 가는"(talk and take) 이중적 전략을 취하고 있다(Dobson & Fravel 1997, 260). 또한 중국은 1999년부터 매년 6~8월 간 2개월 또는 2개월 반 동안 어족자원 보호 명목으로 북위 12도 이북의 남중국해에서 어로 금지를 일방적으로 선포해 왔다. 2005년 1월 9일 중국 해안경비대의 발포로 통킹만에서 조업중이던 베트남 어부 9명이 사망하였다(김예경 2008, 130). 2006, 2007년에도 중국 순시선이 베트남 어부들을 사상한 사건이 발생하였고, 중국은 2009년 6월 베트남 어선 3척을 억류하고 벌금을 요구하였고 8월에도 파라셀 군도에서 조업하던 베트남 어선 2척, 12월에도 3척을 억류하였다(Thayer 2010b, 404).

중국은 2007년 이래 남중국해 문제에 대해 더 적극적으로 이해를 나타내고 있다. 중국은 2007년 12월 파라셀 군도, 스프래틀리 군도 및 메이클즈필드(Macclesfield Bank, 중국명 中沙群島) 지역을 포함하는 산사(三沙)시를 설치하였고, 2010년 1월에 파라셀 군도를 통치할 지방행정기관을 설치하기로 결정하고 관광산업을 육성하기로 하였다. 2010년 3월 미국 고위 행정관료들이 중국 방문 시 중국 관료들이 미국 인사들에게 남중국해가 "핵심적 국가이익"에 속하며 어떤 개입도 용납하지 않겠다고 언명하였다는 것이 보도되면서 남중국해에 대한 중국의 적극적 공세가 각국을 긴장시키기 시작했다. 이어 힐러리 클린턴 국무장관은 5월 베이징에서 열린 제2차 미-중 전략·경제대화에서 다이빙궈 국무위원이 남중국해를 중국의 핵심적 국가이익에 속한다고 언급하였다고 전하였다(Thayer 2010a, 3-6). 물론 중국의 이러한 주장의 배경에는 미국의 대만에 대한 무기 판매 재개, 중국의 배타적 경제수역 내 미국의 순시활동, 2010년 3월 천안함 사건에 대응한 조지 워싱턴 호를 비롯한 대규모 함대가 참여한 7월 한-미 합동해상군사훈련 등에 대한 중국의 위협 인식도 있었다. 이에 중국과 영유권 분쟁을 겪고 있는 동남아 각국은 중국의 "주권 침해"를 비난하였고, 국제회의에서 미국을 비롯한 각국은 남중국해에서 항행의 자유를 보장해야 한다는 주장을 펼쳤다. 2010년 10월 중국 지도부 내에서 "핵심적 이익"에 관한 내부 토론이 있은 이후, 이러한 주장은 두드러지게 나타나지 않게 되었으나(Thayer 2010a, 8), 2011년 이후에도 베트남과의 갈등은 여전히 심각하게 전개되었다.

특히, 2011년은 남중국해에서 중국과 베트남이 격돌한 해로 기록된다. 5월 26일 베트남 남부 냐짱(Nha Trang)에서 약 120해리 떨어진 남중국해상 베트남의 배타적 경제수역(EEZ) 내에서 베트남 석유·가스탐사선 빈민(Binh Minh) 2호가 탐사작업을 위해 쳐놓은 케이블을 중국 순시선이 절단하는 사건이 발생하였다. 중국은 또한 5월 31일 베트남의 배타적 경제수역 내에서 원유탐사작업을 하던 바이킹 2호의 케이블을 절단하였다. 베트남은 이에 즉각 항의하였고, 양국 외교부 대변인의 설전을 통한 주권 수호 공방전이 이어졌으며, 양국민들은 거리 시위와 인터넷상 공격을 감행하였다. 양국은 2011년 6월 말 특사를 교환하면서 대화로 문제를 해결하기로 합의했지만, 갈등은 근본적으로 해소될 수 없었다. 남중국해 문제를 둘러싼 양국간 갈등은 2014년에 다시 격화되었다. 중국이 2014년 5월 파라셀 군도 내 베트남이 배타적 경제수역이라고 주장하는 지역에 원유 굴착장비를 설치하려 하자, 베트남이 이에 반대하며 갈등이 격화되었다. 이 외에도 중국은 2012년 필리핀이 지배하던 스카버러 사주(Scarborough Shoal, 중국명 黃岩島)를 점령하였고, 2013년 11월 센카쿠/댜오위다오(釣魚島)를 포함하는 방공식별구역을 선포하는 조치를 취하여, 이 지역에서 긴장의 수위를 높였다.

그런 가운데 2013년 1월 필리핀이 국제해양법 상설중재재판소에 중국이 주장해 온 남중국해상 9단선이 법적 근거가 없으며 스카버러 사주에 인공섬을 만드는 중국의 행위가 유엔 해양법상 환경을 보존해야 하는 협약을 위반했다는 등의 판결을 요구하였다. 2016년 7월 상설중재재판소가 필리핀의 요구를 인정하는 판결을 내리자, 동남아 각국은 이에 환호하였고 중국은 이를 받아들이지 않는다며 반발하였으나, 이 판결은 향후 남중국해에서 각국의 행위를 제약하는 요인으로 작용할 것이다.

III. 중국의 대 베트남 전략

1. 중국의 대 베트남 인식

중국이 베트남과 관계정상화 이후 다방면으로 협력을 확대해 오고 있으나, 저변에 경계심은 여전하다. 양국간 관계에 대한 의견은 대체로 세 가지, 즉 첫째 양국관계가 이전의 "동지 겸 형제" 협력관계로 회복될 것, 둘째 대항관계로 갈 것은 필연적이며 심지어 1979년 충돌과 같은 상황이 발생할 수도 있음, 셋째 전쟁도 평화도 아닌 관계 또는 "차지도 뜨겁지도 않은" 관계로서, "멀지도 가깝지도 않은"(不遠不近) 또는 "친하지도 소원하지도 않은"(不親不疏) 관계를 유지하리라는 것으로 나뉜다(古小松 2007, 254-258). 다른 중국 학자는 양국간 모순을 여섯 가지로 제시하며, 양국관계의 문제점을 지적하였다(于向東 2008, 143-146). 그것은, (1) 베트남 민족의 심리 중 자존 및 자긍 대 자기비하 및 자만이 교차하는 모순, (2) 외국과의 우호와 상호신뢰 대 경멸 및 적국 의식의 모순, (3) 상호양보 대 영토주권 권익을 쟁취하려는 모순, (4) 경제무역 협력 추진 대 경쟁의 모순, (5) 1개 중국 정책 견지 대 대만과의 실질협력 추구의 모순, (6) 중-베트남 우호관계 발전 역량 대 저해 역량의 모순 등이다. 이러한 중국의 베트남에 대한 인식의 복합성은 공식적·표면적으로는 양국관계를 사회주의 형제국으로서 협력관계로 보나, 저변에는 언제나 갈등의 가능성을 내포하고 있는 대항관계로 인식하고 있다는 것을 말한다.

2. 베트남에 대한 중국의 접근 전략

베트남이 동남아로 접근하는 길목에 있기에 중국은 베트남에 어느 동남아 국가보다 더 중요한 지정학적 이해를 갖고 있다. 중국은 베트남이 중국의 궤도에 근접해 있기를 바라면서 남중국해에서 중국의 통제력을 공고히 하려는 이해를 가진다. 좀 더 구체적으로 중국의 베트남에 대한 전략은, 베트남과의 영토분쟁에서 우위를 점하고, 베트남으로 하여금 미국과 거리를 두도록 하고 대만 문제나 국제문제에서 친중국적 입장을 취하도록 하며, 경제적으로 베트남이 중국의 상품과 기업에 우호적 태도를 취하도록 하는 것이다 (Dosch & Vuving 2008, 17-18).

중국은 이러한 목적을 달성하기 위하여 베트남에 대해 하드 파워와 소프트 파워를 동시에 사용하고 있다. 중국의 무력 행사는 1979년 베트남과의 전쟁, 1988년 남중국해에서 베트남과의 교전, 2000년대 후반 남중국해에서 무력행사 등으로 계속되고 있다. 동시에 중국은 베트남에 중국의 이해에 부합하게 행동하도록 다양하게 압력을 가하고 있다. 예컨대 2002년 2월 장쩌민 국가주석은 베트남 방문시 베트남 중등학교 교과서에서 양국관계 부분을 수정하도록 요구하였고, 시진핑 국가부주석은 남중국해문제로 격돌한 이후 2011년 12월 베트남을 방문하였을 때 남중국해 문제와 관련하여 미국과 관계를 강화하지 말 것을 베트남에 경고하였다고 한다(김상욱 2012).

한편, 베트남을 비롯한 동남아 국가들의 반발로, 중국의 태도도 일정 정도 변하였다. 예컨대, 2011년 12월 시진핑(習近平)이 중국 국가부주석으로서 베트남을 방문하였는데, 당시 시진핑은 차기 국가주석으로 알려져 있어 향후 중국 정책결정에서 핵심적 역할을 수행할 예정이어서, 그의 방문은 중국의 차기 대외정책을 가늠하는데 중요한 사건이었다. 시진핑은 베트남공산당 총비서, 국가주석 등 최고위 인사들을 만난 후에도, 출발 일정을 조정하여 3시간 기다려서 외국 방문 후 귀국하는 응우옌떤중 수상을 면담한 후 출국하였다. 시진핑의 유화적 제스처는 2011년 10월 응우옌푸쫑 베트남공산당 총비서가 중국을 방문하여 회담하는 동안 중국의 최고위 지도자들이 보였던 경색된 태도와는 사뭇 대조적이었다. 시진핑의 베트남 방문 이후 베트남 내에서는 음악회 등 양국 화합의 공연들이 여러 차례 펼쳐졌다. 이외에도, 중국은 호찌민국가정치학원(중국의 黨校 상당)에 지원금을 제공하고, 베트남사회과학원에 중국-아세안연구센터를 설립하도록 지원하는 등 소프트파워 전략을 사용하기도 하나, 그 효과는 그다지 크지 않다고 판단된다. 중국은 2015년 말에야 베트남에 공자학원을 설립할 수 있었다.

IV. 베트남의 중국에 대한 인식

1. 역사적 인식

중국이 그 존재를 무시할 수 없는 강국이라는 인식은 현재 베트남인들에게 여전히 존재하며, 그만큼 중국에 대한 경계심도 강하다. 베트남은 중국의 직접 지배를 1,000년간이나 받았고, 독립한 이후에도 끊임없이 항쟁과 협력을 병행하였다. 베트남은 프랑스의 식민 지배 이전까지 중국의 조공체제 속에 편입되어 있었다. 19세기 후반 프랑스의 베트남에 대한 식민지배는 중국-베트남 관계를 근대적 국제관계로 전환하는 데 기여하였다. 프랑스와 일본의 식민지배에서 벗어나 독립한 이후에도 베트남은 중국으로부터 원조와 영향을 받아, 제1차 인도차이나전쟁에서 프랑스에게 승리하였고, 제2차 인도차이나전쟁에서 승리하여 통일을 이루고 사회주의체제를 수립할 수 있었다. 또한, 양국은 체제 안보의 동반자다. 양국은 "평화적 전복"(dien bien hoa binh, 和平演變)에 대한 경계와 사회주의 체제의 유지, 발전에 같은 이해를 가지고 있다.

그러나 베트남은 중국의 패권에 대하여 여전히 심각하게 우려하고 있다. 베트남사회과학원의 한 연구원은 장래에 미국의 국력이 약화되면 중국을 견제할 세력이 없게 될 경우를 우려한다고 하였다. 이에 따라 베트남은 중국의 성장과 향후 미국–중국 관계에 대해 민감하게 반응하고 있다. 베트남은 류밍푸(劉明福)의 『중국의 꿈』(中國夢)을 베트남어로 번역하여 출판하였고(Luu Minh Phuc, *Giac Mo Trung Quoc*), 『미국 이후』라는 책자 등을 베트남어로 출판하였다. 다른 한편, 베트남은 중국의 군사적 능력이 아직 미흡하다고 평가하기도 한다. 베트남 외교전략연구원의 한 고위 연구원은 중국이 남중국해를 무력으로 장악할 능력이 아직 부족하다고 판단하며, 중국이 남중국해에서 무력을 행사할 경우 베트남은 보급선을 끊는 전략을 취할 수 있다고 하였다.

베트남은 2015년 말 이전에 중국의 공자학원이 설립되지 않은 세계에서 몇 안 되는 국가 중 하나였다. 베트남의 한 중국전문가는 공자학원 설립을 허락할 경우 남중국해를 중국 영해로 표기한 지도가 실린 교재를 받아들이게 되는 결과가 되기에 베트남 정부가 이를 허용하지 않았다고 하였다.

2. 현대 중국 대외전략에 대한 인식

1986년 12월 제6차 공산당대회에 이르러서 베트남은 중국과의 화해를 도모하기 위하여 "베트남과 중국 양국은 장기간 우호협력관계를 구축했으며 현재에도 평화 추구, 독립 유지, 경제 발전에 대한 공통의 이해를 가진다"고 언급하였다. 더불어 1988년경부터 중국을 이전에 '패권국가'로 부르던 것으로부터 벗어나 '사회주의 국가'로 부르기 시작하였다(白石昌也 2001, 139-140). 양국은 1991년 관계 정상화 이후 2000년대 중반까지 큰 갈등을 겪지 않았고 이로써 양국관계는 급속히 강화되는 듯하였다.

그러나 2000년대 후반에 들어 중국의 부상이 현저해지고, 남중국해에서 격돌하는 사례가 증가하면서 중국의 패권주의에 대한 경계심은 강화되어 갔다. 특히, 남중국해를 둘러싼 영유권 주장은 어느 국가도 양보할 수 없는 문제다. 중국이 2009년 5월 UN 대륙붕위원회에 자료를 제출하는 과정에서 9개 단선으로 경계를 설정한 지도를 공개하며 남중국해의 대부분 영역에 대해 영유권을 주장하였다. 이 지도는 중화민국(대만)이 1948년 1월 남중국해 지도를 공표하면서 남중국해의 80%를 점하는 영역을 11개의 단선으로 표기하고 그 안의 지역을 중국령으로 표기한 데서 비롯되었다. 중국은 이 지도에서 통킹만 경계를 표시하던 단선 두 개를 빼고 9개 단선으로 이어진 영역 내에 대해 자국 영유권을 주장하고 있다.

베트남은 남중국해에서 중국이 영유권을 주장하는 영역이 "소의 혀"와 닮았다고 하여, 이 9개 단선을 "소 혀의 선"(duong lui bo: line of cow's tongue)이라고 칭하고 있다. 이 용어는 대만의 남중국해 11개 단선에 대해 일부 학자들이 "소 혀의 선"이라고 부르면서 알려졌다. 또한 베트남은 중동으로부터 인도양과 말라카 해협을 거쳐 남중국해에 이르는 선에 따라 영향력을 확보하려는 중국의 전략을 "진주 목걸이"(chuoi ngoc trai: string of pearls) 전략이라고 칭하며, 중국의 패권주의에 대한 경계의 목소리를 높이고 있다.

베트남의 중국전문가 및 외교전략 전문가들은 2010년 3월 중국이 남중국해를 핵심적 국가이익에 속한다고 하며 이 지역에 대한 영유권을 주장하고 공세적 대외정책을 펴고 있는 것은 먼저, 중국이 해양으로의 진출 통로를 확보할 필요에 의해 남중국해를 자국의 영향권 내에 두기를 추구해 왔기 때문이라고 본다. 베트남의 한 외교전문가는 현재 중국의 실질적 전략적 협력국은 파키스탄뿐이며, 중국은 인도를 통해 견제를 받고 있기에 해양안보를 확보하는 것은 중국으로서는 매우 중요하다고 평가하였다. 둘째, 중국의 남중국해 영유권 주장은 중국의 경제성장을 뒷받침할 에너지 안보 때문이라고 평가한다. 셋째, 국내적으로는 유럽 및 미국의 경기 침체로 중국의 교역이 감소하고 중국 내에서 고정자산 투자가 예전의 1/3에 불과하며, 국내적으로 폭력시위가 확산되어 국내적 불만을 외부로 돌려야 할 필요가 생겼기 때문이라고 평가한다. 이 때문에 중국 정부는 민족주의를 고취시킬 수 있는 대외적 문제가 필요하였다고 본다.

베트남 전문가들은 '화평굴기' 또는 '화평발전'에 대한 평가에서도 중국이 성급한 정책으로 실패하였다고 평가한다. 베트남외교학원의 한 고위 연구원은 중국과의 관계에서 갈등이 상존하며, 따라서 양국간 관계에서 '갈등 해소'(conflict resolution)는 실현 가능하지 않으므로 현실적으로 '갈등 관리'(conflict management)를 추구할 수 있을 뿐이라고 하였다.

V. 베트남의 대 중국 대응전략

1. 맞대응과 유연성의 조합

중국은 남중국해에서 적극적 공세로 나와 2011년 5월 26일 베트남의 배타적 경제수역 내에서 작업하던 빈민 2호의 케이블을 절단하였고, 5월 31일에도 바이킹 2호의 케이블을 절단하였다. 일련의 사건에 대응하여 베트남은 맞대응과 유연함을 겸비한 전략으로 대응해 왔다.

베트남은 우선 베트남 내 중국 반대 시위를 방조함으로써 국내적으로 애국주의를 고취시키고 단합을 도모하였다. 시위는 매주 일요일 오전 중국대사관 앞에서 벌어졌으나 약 2개월 이후에는 경찰의 제재로 구 시가 중심으로 자리를 옮겨 진행되었다. 베트남 정부의 시위에 대한 대응은, 초기 방기, 중국의 압력, 후기 제재의 순으로 전개되었는데, 베트남 내 관료들은 후기에 들어 시위대에 "불만분자들"이 다수 포함되어 있어 제재를 가하였다고 설명하였다. 더불어, 예컨대 '머나먼 섬'(dao xa)이라는 제목의 노래, 쯔엉사(스프래틀리)에 관한 연극 등을 통하여 국민들의 애국심을 고취하고 있다. 호앙사, 쯔엉사에 관한 서적 출판이 러쉬를 이루었다(Nhieu tac gia 2011; Tran Nam Tien 2011 등). 학계는 고지도를 통하여 남중국해의 베트남 영유권에 대한 역사적 근거를 제시한 역사학자 응우옌딘더우(Nguyen Dinh Dau)에게 훈장을 수여하는 등의 의식을 통하여 애국주의를 고취하고 있다.

동시에 베트남은 2011년 6월 13일에 남중국해에서 실탄사격 훈련을 하는 제스처를 보였다. 베트남은 국방력 강화를 공표하면서 러시아로부터 킬로급 잠수함 6기를 구입하겠다고 공표하였고, 2017년 초까지 잠수함 인수를 완료하였다.

한편으로 베트남은 강국 중국의 요구를 어느 정도 수용할 수밖에 없는 처지이다. 베트남은 비공식적으로 중국의 요구를 수용하면서, 대외적으로는 사회주의 국가간 협력을 강조하여 표현한다. 양국은 이념적으로 사회주의 형제국으로서 국제사회에서 상호 협력하고 지원한다. 양국 공산당은 사회주의 이론의 실천과 관련한 경험을 교환하는 토론회를 개최하여 사회주의체제 건설과 개혁과정의 경험을 공유하고 있다. 양당은 2003년 10월 사회주의이론 토론회를 처음 개최한 이후 2011년 12월 제7차 토론회를 개최하였다 (*Vietnam News*, 2 Dec. 2011).

2. 주변국과 양자 관계의 확대

베트남은 캄보디아, 라오스와의 기존의 우호관계를 공고히 하고 있는 바, 이 인도차이나 3개국은 1990년 이래 단절된 3개국 정상회담을 1999년 재개하고 2002년에 제2차 회의를 갖는 등 협력관계를 지속하고 있다(牛山隆一 2004, 57). 최근에도 베트남은 공산당대회 및 새로운 정부가 구성된 이후에는 가장 먼저 이 두 국가의 최고위 지도자들과 상호 방문함으로써 전통적 우의를 표방하고 있다. 베트남 정부 관계자에 따르면, 최근에는 미얀마와의 교류도 더욱 활성화되었다고 한다.

이외에도 러시아, 인도, 일본 등 국가들과 협력관계를 강화하고 있다. 베트남은 러시아로부터 킬로급 잠수함 6기, 미사일 초계정 2척, 수호이 Su-30 전투기 30대 이상을 도입하기로 하고 이 작업을 진행하고 있다. 인도와는 공동으로 남중국해 유전 개발을 추진하고 초음속 순항미사일 브라모스 구입, 중고 초계정 도입, 잠수함 승무원과 조종사 훈련, 베트남 중남부 냐짱(Nha Trang)의 항만시설 개선사업 등에서 협력하기로 하였다(황희경 2012). 베트남 국방부 차관이 영국을 방문하여 협력협정을 맺고 직항노선을 개설하는 등 관계를 다변화하고 있다. 베트남이 전략적 또는 포괄적 동반자 관계를 맺은 국가는 2014년 10월까지 19개국이었다. 이 가운데 전략적 동반자 관계 국가는 13개국, 포괄적 동반자 관계 국가는 6개국이다(Manyin 2014).[6]

베트남은 중국에 적대하지 않으면서 미국을 '동원하여' 중국과 균형을 맞추려는 '둘러싸기 안보전략'을 취하고 있다(Cheng 2011, 388). 이는 특히 미국이 이라크를 침공한 2003년부터 두드러지게 나타났다. 베트남 국방장관이 2003년 11월 처음으로 미국을 방문하고, 2003년에 여타 부처 장관들도 여러 명 미국을 방문하였다(Vuving 2006, 817-818). 베트남은 2003년 11월 미국의 프리킷함을 베트남 항구에 정박하도록 허용하였고, 코브라 골드(Cobra Gold) 다국적 군사훈련에 참가하였고 군인들을 미국에 보내 훈련시키고 있다. 2009년 3월 미국 탐사선 임페커블(Impeccable)호가 하이난 섬 남쪽 해상에서 중국으로부터 위협을 받은 이후, 미국은 남중국해에서 항

---

6 베트남이 가장 높은 수준의 전략적 · 포괄적 동반자 관계를 맺은 중국과의 갈등이 가장 첨예한 것은 역설적 현상이다.

행의 자유 보장을 위한 목소리를 높여 왔고, 중국이 베트남 어선과 어부들을 억류하며 갈등이 한창일 때, 미국 항공모함 조지 워싱턴호는 2010년 8월 베트남 중부 다낭에서 320km 떨어진 해상에서 베트남 정부 대표단을 맞았다. 중국이 남중국해 영유권을 강력히 주장하면서, 베트남은 동남아 각국 및 미국과 함께 중국의 영향력을 견제하는 데 협력하고 있다.

그러나 베트남사회과학원 미주연구소 고위 연구원의 견해로는 베트남은 미국 동원에 한계가 있음을 인식하고 있다. 미국이 그간 베트남에 무기 수출을 금지해 왔고, 미국 내 반 베트남 인사들이 여전히 존재하고 있기 때문이다.[7] 베트남은 미국도 남중국해 문제에 너무 깊이 개입하지 않으려 할 것이라고 보며, 군사적으로 남중국해 문제에 개입하지는 못할 것이라고 본다. 또한, 베트남은 베트남전쟁으로 인해 미국에 대한 구원(舊怨)을 여전히 가지고 있다. 예컨대, 2011년 여름에 베트남 TV는 미국이 베트남전쟁 중 고엽제를 사용하여 베트남인들에게 큰 해를 끼쳤으며, 이로 인한 불구자들에 대한 지원을 호소하는 캠페인을 방영하였다. 또한 베트남 공산당대회의 공식 문건에 '평화적 전복'(dien bien hoa binh, 和平演變)이라는 용어는 계속하여 언급된다. 베트남은 자신들의 사회주의 체제를 물리력을 동원하지 않고 붕괴시키려는 시도가 계속되고 있으며,

7 미국은 2016년 5월 오바마 미국 대통령이 베트남을 방문하는 시점에 베트남에 대한 무기 수출 금지 조치를 해제하였다.

그 주체는 명시하지 않았으나 자본주의권 국가들이며 그 중심에 미국이 있다고 본다.

3. 다자관계의 심화

베트남은 1995년 ASEAN에 가입한 이래 동남아 국가들과 협력을 확대해 왔다. 베트남이 ASEAN에 가입한 것은 인접국과 평화적 선린 관계 속에서 우호적 대외환경을 만들고, 아시아-태평양 지역 및 세계에서 지위를 향상하며, 경제협력을 도모하기 위해서라고 언급되고 있으나(Thayer 2007, 35), 한편으로 중국과의 경쟁에 공동으로 대처하려는 전략도 포함되어 있다. 베트남은 동남아 국가들과 국경 갈등을 해소하려는 노력을 계속하였다. 필리핀과는 갈등 해역에서 행동기준을 정하였고, 태국만에서 영유권이 중첩되는 지역에 대하여 1997년 합의에 이르렀다(Dosch & Ta Minh Tuan 2004, 199). 베트남은 또한 2002년 11월 제6차 아세안-중국 정상회담에서 "남중국해 당사국 행동선언"에 서명하여 이 지역에서 평화적 분쟁 해결, 갈등적 행동 자제 및 해양활동 관련 협력에 합의하였다.

중국은 2001년 11월 ASEAN과 자유무역지대 형성을 제안하여 이를 성사시켰고, 2003년 10월 역외국가로서는 최초로 동남아시아우호협력조약에 가입하여 동남아 국가들과 협력의 발판을 마련하고 동남아 각국에 ODA를 제공하는 등 영향력을 확대하고 있다. 베트남은 식민지배, 전쟁의 당사자였던 중국의 부상에 경계심을 갖지 않을 수 없으며, 이에 대한 대응으로 대외관계를 다변화하여 이 지역에서 중국의 영향력을 억제하려고 시도하고 있다. 도서부 국가들과는 이념적 대치를 벗어나 상호의존관계를 확대·심화해왔다. 이들 국가들과의 관계는 ASEAN, ASEAN+3, ARF, 동아시아정상회의 등을 통하여 심화하고 있다. 베트남은 특히 2009년에 ASEAN 의장국으로서 하노이에서 ASEAN 정상회의, 동아시아정상회의를 개최하여 국제적 위상을 높였다. 2010년 10월에는 베트남이 주도하여 제1차 ADMM+8(ASEAN 및 8개 대화상대국 국방장관회의)을 하노이에서 개최하고, 2010년 12월에 제1차 ASEAN 및 8개 대화상대국 고위급 국방 회의를 개최하였다(Thayer 2011, 50). 이러한 일련의 과정 속에서 베트남의 ASEAN 내 지위는 공고히 되었다.

남중국해 문제와 관련하여 동남아 각국은 2010년 7월 제43차 외교장관회의에서 "남중국해 당사국 행동선언"을 효과적으로 추진하자는 데 합의하였다. 2010년 7월 ARF에서 동남아 각국은 미국이 남중국해문제에 대해 언급하도록 요청하였고, 클린턴은 이에 호응하여 남중국해 갈등문제를 다자적으로 해결하도록 요구하여 중국에 압력을 가하였다. 2011년 11월 발리에서 열린 동아시아정상회의(EAS)에서도 오바마 대통령이 남중국해 문제의 평화적 해결을 요구하였고 중국은 남중국해 문제가 중국과 아세안 간 논의할 문제라고 반발하였으나, 일단 다자간 회의에서 중국을 견제하는 데는 성공한 듯하다.

한편, 베트남은 2009년경부터 남중국해에서 갈등이 심화되자, 남중국해문제에 관한 국제학술회의를 매년 개최하여 "이슈의 국제화"를 도모하고 있다. 베트남외교학원(Diplomatic Academy of Vietnam)과 베트남법률가협회는 2009년 11월 하노이에서 제1차 남중국해 국제학술회의를 개최한 데 이어, 이후 매년 이 회의를 개최하고 있다. 이러한 베트남을 비롯한 동남아 각국의 "이슈의 국제화"를 통한 대 중국 견제전략은 일단 성공한 듯하다. 동남아 국가들의 적극적 대응과 미국의 개입 확대로 중국은 남중국해에 대한 적극적 주장으로부터 한 발 물러서는 태도를 보이고 있다.

VI. 결론: 평가와 전망

베트남과 중국은 '사회주의 형제국'이지만, 역사적으로 갈등을 빚고 전쟁의 당사자였으며, 탈냉전 시기에 상호 경제협력을 확대해온 관계이면서, 남중국해 영유권 문제로 대립하는 관계에 있다. 이러한 양국 관계의 역사적 복합성은 현재에도 여전히 지속되고 있다. 부빙(Vuving 2006)은 베트남의 대 중국 전략을, 세력 불균형, 현실주의, 상호의존, 사회주의적 국제주의 관점에서 보고, 그간 베트남의 전략이 세력불균형에 따른 중국 존중과 베트남 인정, 현실주의적 세력 균형, 사회주의적 연대, 복합적 상호의존으로 전개되었다고 분석하였다. 이 틀을 차용하여 최근 양국관계를 분석하자면 중국 존중과 사회주의적 연대감을 강조하는 전략은 약화되고 중국을 견제하기 위한 세력균형과 복합적 상호의존을 통한 중국 얽어매기 전략이 두드러지게 되었다.

베트남은 양국관계에서 강대국들과의 국방안보관계를 발전시킨다는 것을 목표로 하고 있으며, 이 가운데 특히 중국과의 관계가 가장 중요하다고 본다. 그러나 베트남은 일국 일변도 대외전략에서 벗어나, 미국과 관계를 긴밀히 하여 균형을 취하고, 미국 이외 강국들, 즉 러시아, 인도, 일본 등과의 관계도 확대하여 "전면적 다변화, 다양화" 대외전략을 추구하고자 한다. 양국간 갈등을 극복하기 위하여 베트남은 대외관계의 다변화, 다양화를 추구하고 있으며, 이러한 기조는 지속될 것이다. 최근에 베트남은 국방안보분야에서 국제협력의 다변화, 다양화를 강조하고 있다. 베트남은 2011년 1월 제11차 공산당대회에서 "국제경제로의 편입"이라는 기존의 경제 중심의 사고로부터 "국제적 편입"이라는 전면적 국제사회로의 통합을 추구할 것을 목표로 세웠다. 특히, 국방안보분야에서 국제협력관계를 계속 확대한다는 것을 목표로 세우고 협력관계를 다변화, 다양화할 것을 제시하였다(Le Kim Dung 2011, 169-170, 185). 베트남은 향후 대외전략에서 다자간 관계에서 ASEAN의 위치와 역할을 공고히 하면서 동남아 국가로서의 정체성을 강화하는 전략을 유지하고자 한다. 단지, 경제분야에서 중국에 대한 의존도가 높아지고 아세안 국가들과의 관계 확대가 진전되고 있지 않아, 경제분야에서의 동남아적 정체성 강화에 한계를 보이고 있다. 베트남은 안보 분야 뿐만 아니라 경제 분야에서도 다변화와 지역 정체성을 더욱 강화하여야 하는 과제를 안고 있다.

참고 문헌

1. 국문

김문성. 2016. "'베트남의 딜레마' 남중국해 판결 환영 속 美中 '줄타기'." 『연합뉴스』(7월 13일).

김상욱. 2012. "시진핑, 베트남에 '미국과의 관계강화' 직접 경고." 『뉴스타운』(1월 20일).

김예경. 2008. "중국과 베트남 간의 영토분쟁과 해결방식." 이동률 외. 『중국의 영토분쟁』. 서울: 동북아역사재단.

신삼호. 2011. "중 해방군 부참모장 '도광양회' 고수해야." 『연합뉴스』(12월 27일).

신정승. 2011. "중국 대외전략의 흐름과 전망." 이선진 외. 『중국의 부상과 동남아의 대응』. 서울: 동북아역사재단.

이선진. 2011. "중국의 대동남아 전략: 현황과 전망." 이선진 외. 『중국의 부상과 동남아의 대응』. 서울: 동북아역사재단.

이한우. 2003. "베트남-중국 관계의 역사적 전개와 현재: 협력과 갈등의 이중주." 『동아연구』 44.

장병호 · 김기수. 2011. "'베트남 32년만에 징집령'은 오보." 『내일신문』(6월 29일).

최유식. 2011. "[戰雲 감도는 남중국해] 베트남 軍인사 '中이 시사군도(西沙群島) 점령 땐 육로로 공격하겠다'." 『조선일보』(6월 16일).

황희경. 2012. "베트남 해군력 증강에 주변국들 긴장." 『연합뉴스』(1월 27일).

2. 일문

岡部達味. 1996. "ベトナムの苦悩 · 對中關係." 西原 正/ジエームス·W·モリ 編. 『對頭するベトナム』. 東京: 中央公論社.

白石昌也. 2001. "ベトナム共産主義者の中國觀." 田中恭子 編. 『現代中國の構造變動 8: 國際關係 – アジア太平洋の地域秩序』. 東京: 東京大學出版會.

三尾忠志. 1988. "『大漢民族大國主義』とベトナムの對應." 三尾忠志 編. 『インドシナをめぐる國際關係』. 東京: 日本國際問題研究所.

松尾康憲. 2005. 『現代ベトナム入門–ドイモイが國を變えた』. 東京: 日中出版.

牛山隆一. 2004. "九O年代後半以降の對外政策." 白石昌也 編. 『ベトナムの對外關係–21世紀の挑戰–』. 東京: 曉印書館.

中野亞里. 2006. 『現代ベトナムの政治と外交』. 東京: 曉印書館.

3. 중문

古小松. 2007. 『越南國情與中越關係』. 北京: 世界知識出版社.

吳士存. 2010. 『南沙爭端的起源與發展』. 北京: 中國經濟出版社.

于向東. 2008. "正常化以來中越關係的發展." 張蘊岭 主編. 『中國與周邊國家: 構建中新型伙伴關係』. 北京: 世界知識出版社.

張海文. 2014. 『南海及南海諸島』. 北京: 五洲傳播出版社.

4. 베트남어문

Le Kim Dung. 2011. "Cong tac Doi ngoai Quoc phong–An ninh trong Giai doan moi" [신단계 중 국방–안보 대외공작]. Pham

Binh Minh (chu bien). *Duong loi Chinh sach Doi ngoai Viet Nam trong Giai doan moi* [새로운 단계 중 베트남 대외정책 노선]. Ha Noi: Nxb Chinh tri Quoc gia.

Le Van My. 2007. *Cong hoa Nhan dan Trung Hoa: Ngoai giao trong Boi canh Quoc te Moi*. [중화인민공화국: 신 국제 배경 중 외교]. Ha Noi: Nxb Khoa hoc Xa hoi.

Le Van My (chu bien). 2011. *Ngoai giao Cong hoa Nhan dan Trung Hoa: Hai muoi nam Dau The ky XXI*. [중화인민공화국 외교: 21세기 초 20년]. Ha Noi: Nxb Tu dien Bach khoa.

Nguyen Hong Thao. 2009. "Giai quyet Phap ly Duong bien gioi Dat lien Viet-Trung" [월-중 관련 국경선 법리 해결]. *Nghien cuu Quoc te*. so 1-2009.

Nhieu tac gia. 2011. *Bang chung Lich su va Co so Phap ly Hoang Sa, Truong Sa la cua Viet Nam* [호앙사, 쯔엉사는 베트남의 것이라는 역사 증거와 법리 기초]. T.P. Ho Chi Minh: Nxb Tre.

Tran Nam Tien. 2011. *Hoang Sa, Truong Sa: Hoi va Dap* [호앙사, 쯔엉사: 질문과 답변]. T.P. Ho Chi Minh: Nxb Tre.

Tran Xuan Nhiem. 2009. "Quan he Viet Nam-Trung Quoc sau 12 nam Binh thuong hoa" [정상화 12년 후 베트남-중국 관계]. Duong Van Quang (chu bien). *Viet Nam trong Tien trinh Hoi nhap va Phat trien* [편입과 발전 진전 중 베트남]. Ha Noi: Nxb The Gioi.

5. 영문

Amer, Ramses. 1993. "Sino-Vietnamese Relations and Southeast Asian Security." *Contemporary Southeast Asia* 14(4): 314-331.

Ang Cheng Guan. 1998. "Vietnam-China Relations since the End of the Cold War." *Asian Survey* 38(12): 1122-1141.

Cheng, Joseph Y.S. 2011. "Sino-Vietnamese Relations in the Early Twenty-first Century." *Asian Survey* 51(2): 379-405.

Dobson, William J. and M. Taylor Fravel. 1997. "Red Herring Hegemon: China in the South China Sea." *Current History* 611: 258-263.

Dosch, Jörn and Alexander L. Vuving. 2008. "The Impact of China on Governance Structure in Vietnam." Discussion Paper/Deutsches Institut f ür Entwicklungspolitik. 14/2008.

Dosch, Jörn and Ta Minh Tuan. 2004. "Recent Changes in Vietnam's Foreign Policy: Implications for Vietnam-ASEAN Relations." Duncan McCargo, ed. *Rethinking Vietnam*. pp. 197-213. London: Routledge Curzon.

General Statistical Office(GSO). 1998. *Statistical Yearbook 1997*. Hanoi: Statistical Publishing House.

GSO. 2001. *Statistical Yearbook 2000*. Hanoi: Statistical Publishing House.

General Statistics Office(GSO). 2004. *Statistical Yearbook 2003*. Hanoi: Statistical Publishing House.

GSO. 2005. *Statistical Yearbook 2004*. Hanoi: Statistical Publishing

House.

GSO. 2006. *Statistical Yearbook of Vietnam 2005*. Hanoi: Statistical Publishing House.

GSO. 2007. *Statistical Yearbook of Vietnam 2006*. Hanoi: Statistical Publishing House.

GSO. 2010. *Statistical Yearbook of Vietnam 2009*. Hanoi: Statistical Publishing House.

GSO. 2013. *Statistical Yearbook of Vietnam 2012*. Hanoi: Statistical Publishing House.

GSO. 2016. *Statistical Yearbook of Vietnam 2015*. Hanoi: Statistical Publishing House.

Kenny, Henry J. 2002. *Shadow of the Dragon: Vietnam's Continuing Struggle with China and Its Implications for U.S. Foreign Policy*. Washington, D.C.: Brassey's.

Manyin, Mark. 2014. "Vietnam Among the Powers: Struggle & Cooperation." *The Asan Forum*. Oct. 17.

Thayer, Carlyle A. 1994. "Sino-Vietnam Relations: The Interplay of Ideology and National Interest." *Asian Survey* 34(6): 513-528.

Thayer, Carlyle A. 2007. "Vietnam's Regional Integration: Domestic and External Challenges to State Sovereinty." Stephnie Balme and Mark Sidel, eds. *Vietnam's New Order: International Perspectives on the State and Reform in Vietnam*. pp. 31-50. New York: Palgrave Mamillan.

Thayer, Carlyle A. 2010a. "Recent Developments in the South China Sea: Implications for Regional Peace and Prosperity." *Paper to the 2nd International Workshop on the South China Sea*, Nov. 10–12, Ho Chi Minh City, Vietnam.

Thayer, Carlyle A. 2010b. "Vietnam and Rising China: The Structural Dynamics of Mature Asymmetry." *Southeast Asian Affairs 2010*. pp. 392–409. Singapore: ISEAS.

Thayer, Carlyle A. 2011. "Vietnam's Relations with China and the United States." Dai hoc Quoc gai Ha Noi, Truong Dai hoc Khoa hoc Xa hoi va Nhan van, Khoa Quoc te hoc. *Vai tro cua Viet Nam trong Khu vuc Chau A - Thai Binh Duong*. [아시아-태평양 지역에서 베트남의 역할]. Ha Noi: Nxb The Gioi.

Thayer, Carlyle A. and Ramses Amer, eds. 1999. *Vietnamese Foreign Policy in Transition*. Singapore: ISEAS.

Tonneson, Stein. 2000. "Vietnam's Objective in the South China Sea: National or Regional Security?" *Contemporary Southeast Asia* 22(1): 199–220.

Tran Truong Thuy. 2011. "Recent Developments in the South China Sea: Unconstrained Waves of Tensions." *International Studies* 24: 29–60.

Tu Thuy Anh and Nguyen Binh Duong. 2011. "Trade Balance between Vietnam and China: A Structural Analysis." Nguyen Duc Thanh, ed. *Vietnam Annual Economic Report 2011: The Economy at a Crossroads*. pp. 247–286. Hanoi:

Vietnam National University Publisher.

Vuving, Alexander L. 2006. "Strategy and Evolution of Vietnam's China Policy." *Asian Survey* 46(6): 805–824.

Vuving, Alexander L. 2009. "Operated by World Views and Interfaced by World Orders: Traditional and Modern Sino–Vietnamese Relations." Anthony Reid and Zheng Yangwen, eds. *Negotiating Asymmetry: China's Place in Asia.* pp. 73–92. Singapore: NUS Press.

Womack, Brantly. 2006. *China and Vietnam: The Politics of Asymmetry.* Cambridge: Cambridge University Press.

4.

아세안 정체성 만들기: 아세안 방식(ASEAN Way)의 이중성

배기현

4 아세안 정체성 만들기: 아세안 방식(ASEAN Way)의 이중성

배기현

Ⅰ. 서론

동남아시아의 지역주의가 그 제한적인 역할에도 불구하고 학계 및 여러 외부 평론가들 사이에서 주목을 받은 이유 중 하나는 아세안(ASEAN)이라는 제도적 채널을 통해 정부 엘리트들이 관계를 개선하고 공동체 의식을 집단적으로 형성해 왔다는 데 있을 것이다. 여러 학자들은 이 과정에서 아세안 엘리트들이 스스로 정체성을 만들어 나가는 방식과 시도에 주목해 왔다. 특히나 외부 관찰자뿐 아니라 내부 엘리트들 사이에서도 상호 교류시 협의(consultation), 합의(consensus), 비간섭주의(non-interference) 등의 제도 운영 방식이 아세안 엘리트들 사이에서 하나의 지역적 유대감을 형성하는 데 긍정적인 역할을 끼쳤다는 점을 들며, 이를 아세안만의 독특한 방식, 즉 '아세안 방식(ASEAN Way)'이라고 규정해 왔다.

그러나 이처럼 정부 엘리트들 사이에 이루어진 외교 방식이 상대국에 대한 현실주의적 불신을 깨고 정치적 부담을 줄일 수 있도록 수평적이고 원칙적이며 자율적으로 이루어졌다면, 아세안 정체성의 저변을 확대하기 위해 진행된 교류 방식은 엘리트들 사이의 '아세안 방식'과는 구별되는 모습을 보이고 있다. 우선, 엘리트들 사이의 아세안 방식이 수평적 협의를 장려했다면, 아세안 정부 관리들과 민간 참여자들 간의 협의 방식은 보다 수직적이고, 일관성을 유지하기보다 해당 시기의 상황에 따라 달라지는 모습을 나타내고 있다. 둘째, 정부 고위급 관리들은 그들 사이의 느슨하고 포용적인 협의를 지향했지만, 그와 동시에 관료적 규제 장치를 꼼꼼히 마련하며 민간단체 참여의 수준과 방식을 제약하였다. 셋째, 아세안 엘리트들 사이에서는 유대감을 위해 자발적인 교류와 협력을 추구한 반면, 민간단체들에게서 우선적으로 기대하는 분야는 아세안을 홍보하는 역할이었다. 즉, 민간단체들이 스스로 공동의 가치를 만들고 유대감을 형성하도록 장려한다는 공동체 건설 목표는 여전히 우선시되지 않고 있다.

이와 같이 아세안이 지역 정체성을 형성해 가는 과정에서 나타나는 양면적인 모습은 '아세안 방식'의 특수성에 대한 의문을 제기한다. 엘리트들 수준에서 지역을 만들어왔던 방식이 서구의 그것과 다르다는 점에서 아세안 방식의 특수성이 자주 거론되었지만, 엘리트들이 민간단체와 시민사회의 지역 정체성 형성을 추구하는 방식은 협의, 합의, 비간섭주의라는 아세안 방식의 내용과는 차이를 보였다. 오히려 시민사회와의 교류에서 나타나는 아세안 방식은 비민주주의 정부가 보편적으로 시민사회를 규제하는 방식과 닮아 있다. 즉, 정부 엘리트들이 주장하는 '아세안적'인 것과는 아직 거리가 멀어 보인다.

이 글은 아세안 정부 엘리트들이 민간단체 및 시민사회를 아세안 공동체 건설 프로젝트에 참여시키는 방식에 대한 비판적 기존 문헌들의 요지를 종합적으로 소개한다. 여기에 더하여, 필자가 수집한 아세안 관련 문서와 규정들에 대한 분석을 추가하여 '아세안 방식'의 양면성에 대해 문제 제기하는 방식으로 기존 논의를 보강하고자 한다. 본문의 첫 장에서는 대부분의 아세안 문헌들이 주목해 온 아세안 정체성 논의와 엘리트 수준에서 정체성을 형성해 온 메커니즘에 대한 주요 내용을 정리한다. 두 번째 장에서는 민간단체와 시민사회 내의 지역 유대감 형성의 중요성이 커지면서 아세안 회원국 정부들이 추진하고 있는 정체성 사업들을 검토한다. 세 번째 장에서는 아세안 정부들이 이와 같은 정체성 사업을 추진하는 방식에서 드러나는 세 가지 특징에 주목하고 이러한 특징이 소위 '아세안 방식'이라 불리는 엘리트들 간의 교류 양태와 어떻게 다른지 살펴본다. 결론에서는 본문의 내용을 요약하고, 이러한 방식의 차이가 나타나는 이유 중의 하나로 동남아시아 지역주의의 도구적 성격에 대해 논의한다.

Ⅱ. 정치 엘리트들 사이에서의 아세안 방식(ASEAN Way)과 지역 정체성

국가 독립 후 길지 않은 역사에도 불구하고 역내 정치 엘리트들은 국가 건설 과정과 더불어 스스로 동남아시아라는 지역을 구상하고 역내 공동체를 추진함으로써 국제 지역주의를 실천하기 시작했다. 유럽을 제외한 여타 대륙들과 비교하여 동남아시아의 지역주의는 상당한 수준의 제도적 발전을 이루고 있다. 이에 따라 아세안 지역주의를 설명하고 이해하려는 학계의 시도도 자연스럽게 증가하였는데, 그중에서도 아세안 엘리트들 사이의 유대 의식이나 정체성에 대한 연구의 필요성 역시 주목을 받았다. 특히 1990년대 초반 알렉산더 웬트(Alexander Wendt)가 발표한 논문을 기점으로 국제정치의 합리주의적 인식론에 대항하는 구성주의 학파의 이론화가 시작되면서, 정체성 개념을 국제정치학계에 도입하려는 시도가 본격적으로 시작된다. 기존 국제정치 이론들이 합리주의적 전제에 기반하여 물질적·가시적 요소를 설명 변수로 사용했다면, 구성주의적 관점의 이론가들은 규범, 가치, 아이디어 등의 비물질적 요소들이 행위자의 정체성과 이익을 변화시키는 과정이 국제사회에서도 가능하다는 주장을 내세우기 시작했다. 특히 이들은 국가 또는 집단의 정체성과 이익, 선호는 고정되어 있지 않으며 이들의 변화에 따라 국제정치의 결과물과 행동이 달라질 수 있다는 함의를 제공함으로써 국제사회의 현실주의적 갈등과 경쟁 프레임이 필연적인 것이 아니라는 주장으로 주목을 받기 시작했다. 이와 같은 이론적 분위기는 아세안 연구에도 반영이 된다. 일부에서는 동남아시아의 외교 규범, 합의를 중시하는 말레이 지역의 협상 문화 등으로 아세안 지역주의에 대한 설명을 시도하기도 했으나, 아미타브 아차리아(Amitav Acharya 2014), 엘리스 바(Alice Ba 2009) 등의 구성주의자들은 근대국가 이전의 유사성이나 공통된 문화적 특성으로 아세안의 정체성 형성을 설명하기보다 아세안 엘리트들 고유의 사회적 관계 맺기를 통해 주도적으로 지역 정체성을 형성해 나가는 과정(identification)에 초점을 맞추었다. 아차리아(2014)는 아세안 엘리트들의 사교 방식과 동남아시아 지역에 대한 공동의 상상력이 회원국 엘리트들 간의 '우리'라는 유대감을 형성했으며, 또 그러한 유대감을 통해 동남아의 안보 공동체(security community)가 만들어지기 시작했다고 주장한다. 바(2009) 역시 정체성 만들기의 사회적·역사적 과정을 강조하면서 엘리트들 사이의 어떠한 반복적인 의식(rituals)과 행동방식이 그 과정을 구성하고 있는지를 보여 주고 있다.

여러 가지 요소 중에서도 다수의 문헌들이 공통적으로 주목하는 부분은 '아세안 방식'으로 통칭되는 제도 및 사회관계 규범의 역할이다. 티모 키비마키(Timo Kivimaki 2012)에 따르면, 반공주의와 발전국가론을 옹호하는 신생국가 엘리트들끼리 단합에 도움이 되는 공통의 이슈에 대한 협력에 집중하면서 아세안 협력이 시작되었지만, 냉전이 종식되고 회원국이 확장되면서 근대 국가 건설을 목표로 하고 제도적인 소통을 통해 갈등 해결을 모색하는 방향으로 아세안 방식이 진화해 왔다는 점에 주목했다. 아차리아(1997, 2014)는 아세안 방식의 여러 요소 가운데에서도 지속성을 보이는 주요 특징을 정리했는데, 합의(consensus)와 협의(consultation)의 사회관계적 측면과 비간섭주의(non-interference)라는 법적 측면이 그것이다. 합의 및 비간섭 규범은 국가의 경제군사력 및 영토의 크기 등에서 큰 격차를 보이는 동남아시아 지역에서 상대적으로 힘이 약한 국가들이 역내 협력 사안에 대한 의사 결정에 동등하게 목소리를 낼 수 있게 한다는 원칙을 세웠다는 점에서 약소 회원국들이 힘의 격차에 대한 두려움을 줄이고 제도적 협력에 동참하게 하는 데 긍정적인 기여를 하였다. 또한 계약이나 약정보다 느슨하게 서로의 의견을 확인하는 협의 과정을 중시함으로써 회원국들에게 아세안에서의 결정에 대한 정치적 부담을 줄여준 측면으로 인해, 엘리트들이 보다 솔직하고 자유롭게 의사 표현을 할 수 있는 여건을 조성했다. 이처럼 솔직한 의견 교류의 장이 지속되었기에 공동의 지역에 대한 공동의 상상이 가능했다는 점에서, 협의 원칙은 아세안 엘리트 사이의 유대감을 향상시켰다. 정리하면, 아세안 방식을 구성하는 주요한 제도적·사회적 규범이 회원국 간의 접착제 역할을 하면서 엘리트들 사이의 공통분모를 늘리는 방식으로 정체성 형성에 도움을 주었다는 것이다.

Ⅲ. 시민들 사이의 아세안 정체성?

위와 같은 성과에도 불구하고 아세안은 정체성을 형성하는 노력 또한 여전히 엘리트 중심적이라는 비판을 면치 못했다. 아세안의 협력 분야는 점차 다각화되었지만, 협력 층위는 창설 후 수십 년이 지났지만 외교관 및 정부 관리 수준에 머무르는 경우가 대다수였다. 2012년 일본 정부 지원으로 진행된 '아세안 공동체 건설 노력에 관한 여론조사(the Surveys on ASEAN Community Building Effort)'에 따르면 아세안 시민 76%가 아세안에 대한 기본 지식을 가지고 있지 않다고 대답했다(ASEAN Secretariat 2013). 특히 2000년대부터 아세안이 보다 포괄적인 지역 공동체로 진화하기 위한 프로젝트가 본격적으로 진행되기 시작하면서 정부간(inter-governmental) 수준의 협력에 치중해야 한다는 목소리는 점차 당위성을 잃어갔다(ASEAN Secretariat 2000). 정부 관료들도 아세안 역내 보통 사람들과 동떨어진 채 '지역'을 형성하는 데는 한계가 있을 수밖에 없다는 것을 자각하기 시작하면서 정체성 프로젝트의 층위를 점차 확대해 나가게 된다.

이와 같은 정부 엘리트들의 자각은 보다 구체적인 공동체 목표를 설정하는 데 영향을 주게 되는데, 아세안 공동체를 구성하는 축의 하나로 구상된 사회문화 공동체 이니셔티브가 이를 반영한 결과물이라고 할 수 있다. 아세안 사회공동체 실행 계획(Plan of Action, 줄여서 PoA)을 살펴보면, (1) 빈곤 해결과 개발을 통해 돌봄이 있는 사회(caring societies) 공동체를 만들고, (2) 경제통합의 사회적 파장에 대해 다루고, (3) 환경 지속가능성을 높이고, (4) 사회적 유대(cohesion)를 강화하기 위한 근본을 세운다는 네 가지 목표를 설정하고 있다.[1]

그 중에서도 네 번째 항목은 다양한 민간단체 및 시민들이 지역 정체성과 연대감을 형성하는 것에 대한 목표를 명시하고 있다. 아세안 정부 엘리트들이 보다 구체적으로 제시한 실행 방안은 세 가지 측면에서 살펴볼 수 있다.[2] 가장 먼저, 2000년대 초반부터 지속적으로 제기되어 온 아세안의 '시민 중심성(people-centered)'을 강조하고 있다. 기존의 정부 중심성에서 탈피하여 시민사회, 분야별 전문가, 언론, 지식인, 청년 등 다양한 그룹들에 초점을 맞추어, 아세안의 공동체 건설 노력을 외교 프로젝트에 국한시키지 않고 보다 넓은 사회적 프로젝트로 심화시킨다는 데 목표를 두고 있는 것이

1 http://asean.org/?static_post=the-asean-socio-cultural-community-ascc-plan-of-action (검색일: 2016.12.20).

2 http://asean.org/?static_post=appendix-a-for-asean-socio-cultural-community-ascc-plan-of-action (검색일: 2016.12.20).

다. PoA는 이를 위해 '교류', '소통'의 축적이 필요하다는 점을 명시하고 있다.

두 번째로, 이와 같은 소통을 정부 차원의 기금, 프로그램, 사업 등을 통해 직접적으로 지원하고 촉진해야 할 필요성을 제시하고 있다. 회원국 간의 개발 격차, 지리적, 언어적 다양성, 계층적 차이 등으로 인해 아세안 내에서 국제적인 인적 교류는 자본력이나 계층적 기회가 확보되지 않는 한 자발적으로 지속되기에는 한계가 있다. 역내 유대감을 형성하기 위해서는 지속적인 교류가 확보되어야 하는 만큼 이를 보완해 주는 취지다. 여러 기관 가운데서도 아세안 차원에서는 아세안 재단(ASEAN Foundation)과 각 회원국 외교부 소속의 사무국(national secretariats)이 정체성 관련 주요 사업을 맡아서 진행을 하거나 경쟁 입찰을 통해 민간 기관에게 교류지원 사업 운영권을 주는 방식으로 진행되며, 여타 전형적인 아세안 사업과 마찬가지로 아세안 대화상대국들과의 개발협력기금 또는 인적 교류 연계성(people-to-people connectivity) 프로그램을 위한 별개 기금을 마련하여 재정적 지원을 제공하기로 하였다.

세 번째로, 청소년층을 대상으로 한 교육 사업에 초점을 맞추기로 하였다. 교육을 통해 유대감을 형성시키는 작업은 교육 기관의 참여를 지원하는 방향으로 이루어지고 있는데, 아세안 수업 교육 자료(ASEAN Curriculum Sourcebook)를 개발하고, 대학에 아세안학 프로그램을 개설하고, 아세안 청소년 캠프 등의 교류 사업을 기획하고 있으며, 아세안 회원국 정보 제공 포털(portal)로서 기능할 수 있는 아세안 E-러닝 정보 센터(ASEAN Virtual Learning Resource Centre)의 개설 또한 준비 중이다.[3] 또한 주요 회원국 외교부의 지원으로 주요 대학에 아세안 연구 센터가 개설되고 있다. 또한 회원국 내 또는 하부 지역의 문화, 가치체계, 유산 중 아세안 회원국들이 함께 보존할 만한 내용을 발굴하고 문서화하는 데 협력의 초점을 맞추고 있다. 일부 회원국의 국립박물관 및 도서관에서 아세안 섹션을 설치하거나, 아세안 고도 네트워크(ASEAN Ancient City Network)를 통해 문화 정보를 교류하려는 노력이 그 예이다(ASEAN Secretariat 2016, 48). 또한 매년 아세안 문화 도시를 지정하여 아세안 전역에 해당 도시를 알리는 작업으로 관광 및 사회교류를 장려하고 있다. 2010-11년 필리핀의 마닐라, 세부, 클라크가 첫 문화도시로 지정되었고, 2차 지역으로는 싱가포르, 3차에는 베트남 후에, 4차는 브루나이 반다르 세리 베가완이 선정되었다.

한국 정부가 지원한 내용도 여러 개 있는데, 2009년 한-아세안 정상회의에서 아세안이 설립을 요청하면서 2011월부터 현재까지 교육부 주관 하에 진행되고 있는 한-아세안 사이버 대학 건립 사업이 대표적이다. 아세안 국가 가운데서도 교육 인프라가 상대적으로 열악한 캄보디아, 라오스, 미얀마, 베트남(CLMV 국가로 통칭)의 주요 공과대학에 국내 사이버 대학 인프라와 커리큘럼을 모델로 제

3 http://learning.asean.org/ (검색일: 2016.12.30).

공하는 사업으로, 여타 아세안 국가들로 점차 규모를 확대하여 아세안 내에서 교육 인프라를 공유한다는 취지로 진행되고 있다. 또한, 2013년에는 한국연구재단과 유네스코의 후원으로 민간 전문가와 학자들이 주축이 되어 동남아시아 공통의 역사 교육의 가능성을 탐색하는 워크숍 등이 개최되기도 하였다(연합뉴스 13/9/16).

Ⅳ. 시민-정부 엘리트 사이의 아세안 방식?

이처럼 아세안 정체성 프로젝트를 민간 수준으로 확장하려는 노력은 증가 추세에 있지만, 주목할 만한 점은 그 방식이 엘리트들 사이의 교류 방식과 뚜렷한 차이를 보인다는 것이다. 앞 장에서 살펴본 바와 같이, 동남아시아 지역 정체성에 주목하는 학자들은 엘리트 차원에서 아세안 지역에 대한 소속감과 유대를 형성할 수 있었던 메커니즘으로 소위 '아세안 방식'이라는 사회 규범에 주목하였다. 그러나 이들이 중산층 및 시민 사회의 지역 정체성을 도모하기 위한 사업들을 진행하는 방식에서는 '아세안 방식'과 괴리를 보이고 있다. 구체적으로 엘리트들의 아세안 정체성 만들기 노력의 특징은 세 가지로 나누어 볼 수 있는데, 선택적, 통제적, 도구적인 성격이 그것이다. 아래에서 자세히 논의한다.

1. 수직적, 선택적 협의

아세안 엘리트들이 민간단체의 참여를 장려하는 방식에서 주목할 만한 것은 협의 방식과 내용의 성격이라고 할 수 있다. 엘리트들 사이의 '아세안 방식'이 소수의 의견을 적극 수용하고 회원 간 평등한 목소리를 낼 수 있도록 수평적 협의를 장려했다면, 아세안 정부 관리들과 시민사회 참여자들 간의 협의 방식은 수직적으로 이루어지고 있으며, 특히 아세안의 의장국 중심 메커니즘은 시민사회 참여의 수준과 방식을 제약하고 있다. 예를 들어, 제한적이나마 민주화 이후 국내 시민사회 조직이 커진 인도네시아나 말레이시아가 의장국 역할을 맡는 해와 그렇지 않은 시기 간에는 시민사회 운신의 폭이 달라지곤 했다. 시민사회 참여를 제도화하는 시도가 시작된 해는 2003년 인도네시아가 의장국으로서 아세안 공동체 프로젝트를 제안하던 때였다. 말레이시아의 경우 압둘라 바다위(Abdullah Ahmad Badawi) 정부 출범 이후 적극적으로 시민사회가 아세안 사업에 참여하는 것을 장려하고 2005년 의장국이던 해에 아세안 시민사회 회의(ASEAN Civil Society Conference, ACSC) 출범을 후원하기도 하였다. 2000년부터 아세안 수준의 시민사회 네트워크로 존재하던 아세안 시민의회(ASEAN Peoples' Assembly, APA)가 정부 주도 연구소 네트워크인 ASEAN-ISIS가 만들고 관여한 단체라면, ACSC가 ASEAN-ISIS의 관여나 중개 없이 시민사회가 주도한 모임이라는 점에서 시민사회로부터 더 많은 지지를 받았다(Collins

2008, 322). 그러나 ACSC가 아세안 정상들과 시민사회 대표가 만날 수 있는 장을 마련하고 시민사회의 의견 성명 및 제안서를 정부에 제출하는 것을 목표로 하고 있음에도 불구하고, 해당년도 의장국의 태도와 의지에 따라 그들의 의견이 반영되는 정도는 여전히 차이를 보이고 있다.[4]

뿐만 아니라, 아세안 정부가 비정부 단체의 참여를 적극적으로 장려하는 내용은 주로 경제 통합에 관련된 내용에 집중되어 왔다. 기업들의 경우, 아세안 상공회의소(ASEAN Chambers of Commerce and Industry)가 1972년부터 활동을 시작했으며 2003년 정상들의 합의로 아세안 기업자문회의(ASEAN Business Advisory Council)가 결성된 후 투자무역 센터, 아세안 혁신사업, 대체 에너지, 농업, 그린 산업 분야의 이니셔티브 등을 통해 보다 제도적으로 경제공동체 관련 정책 수립 과정에 기업들의 입장을 반영시키고 있다.[5] 그러나 이와 대조적으로 개발 정의, 거버넌스 개혁, 불평등, 평화, 인권 등과 같은 사회적 문제와 관련한 시민사회의 정책 제안을 향한 아세안 정부의 침묵과 소극적인 태도는 여전히 우려를 낳고 있다(ACSC/APF 2016).

아세안 수준에서 제도화되기 시작한 인권 메커니즘은 그 대표적인 사례라고 할 수 있다. 1990년대 초반부터 수십 년간 진행된

---

4 http://aseanpeople.org/about/background/ (검색일: 2016.12.20).

5 http://www.asean-bac.org/asean-bac.html (검색일: 2016.12.20).

역내 국제 인권 채널 논의에 힘입어, 아세안 회원국들은 2009년에 아세안 정부간 인권위원회(ASEAN Intergovernmental Commission on Human Rights, AICHR), 2010년 여성과 아동 권리 증진과 보호를 위한 아세안 위원회(ASEAN Commission on the Promotion and Protection of the Rights of Women and Children, ACWC)를 각각 설치하며 비로소 아세안 수준의 인권 메커니즘을 설치하며 국제사회로부터 주목을 받았다. 그러나 대다수의 회원국은 AICHR를 구성하는 인사들을 외교부가 임용한 인사로 채웠으며, 그들에게 '위원(commissioner)' 대신 '국가 대표(representative)'라는 직위를 부여함으로써 AICHR가 정부로부터 독립된 기관이 아님을 강조했다(Ciorciari 2012). 또한 AICHR 운영세칙(Terms of Reference)에 따르면 시민사회와의 협의를 AICHR의 역할로 규정하고 있지만 그 협의의 성격이나 제도화 수준에 대해서는 명확하게 규정하고 있지 않다. 수린 피츠완(Surin Pitsuwan) 총장 직위 시절 아세안 사무국은 AICHR에 인권 문제를 상정시키는 과정에서 시민사회 대표들을 만나 협의하는 단계를 정례화하고자 했으나, 일부 회원국들의 반대로 인해 시민사회와의 협의는 '비공식' 모임으로 남을 수밖에 없었다. ACWC의 경우 시민사회와의 협의에 보다 열린 태도를 취했지만, 이 역시 일부 회원국 대표들의 반대로 공식화되지 못했다(Gerard 2015, 375). 이처럼 협의체가 제도화되지 못한 까닭에, 아세안 기관 대표들과 시민사회 간 협력 수준과 내용은 각 회원국 정부의 방침이나 지역 협의체 개최를 지원하는 후원기관의 입장에 따라 달라질 수밖에 없었다(ACSC/APF 2014).

2. 관료적 통제

민간 영역으로 지역 정체성을 확장시키기 위한 아세안 정책 집행 방식의 두 번째 특징은 그 통제적 성격에 있다. 위에서 다루었듯이 정부 엘리트들은 아세안 논의에 참여를 희망하는 집단과의 '협의' 방식을 선택적으로 적용하면서, 다양한 사회 문제를 다루는 비정부 단체들과의 소통에는 여전히 소극적으로 대응하는 경향을 보이고 있다. 그러나 협의 방식의 임시변통적 성격과 별개로 교류 지원 대상을 선정하고 사업을 선정하는 기준에 대해서는 엄격하게 관리하고 있다는 점에서 주목할 만하다. 일단 아세안 관련 펀드에 지원을 받기 위해서는 기본적으로 아세안 공인(accreditation) 기관으로 선정되어야 한다. '아세안 시민사회 조직(또는 비정부 조직) 공인 가이드라인'은 1986년 처음으로 채택되어 몇 차례의 수정을 거쳐 오늘날까지 지속되고 있다 (ASEAN 2006). 2012년까지도 시민사회조직 공인에 관한 가이드라인으로 개정되다가 2014년에는 시민사회 조직뿐 아니라 연구기관, 입법기관, 기업 단체까지 포괄하여 적용할 수 있는 가이드라인을 새로 마련하였다. 아세안 공인 기관이 되면 아세안 관련 정책에 대한 조직의 관점이나 제안서를 아세안 정부대표로 구성된 분과 협의회 측에 공식적으로 제출할 수 있는 통로를 마련하게 되고, 사무국을 통해 제3 기관 또는 국가의 펀

딩을 신청하고 아세안 사업을 집행할 수 있고, 아세안 내부 문서 열람 기회를 얻기에 유리해진다는 점에서, 아세안 지역으로 네트워크를 확대, 강화하고자 하는 민간단체에게는 중요한 기회를 제공한다(ASEAN 2014). 그럼에도 불구하고 아세안 정부 측의 규정은 참여의 폭을 구조적으로 제한한다는 면에서 우려를 낳고 있다(Chong and Elies eds. 2011; Gerard 2014; Rüland 2014). 우선, 원칙적으로 아세안국 출신 회원으로만 구성된 단체로 자격 조건을 제한하고 있으며 아세안 회원국에 사전 등록된 기관만이 공인 기관에 지원할 수 있다. 특히 최종 선정은 회원 10개국 주아세안 대표부 수장(대사급) 전원의 동의하에 이루어지기 때문에, 해당 기관의 활동 지역이 회원국 일부 국가에만 해당되더라도 활동하지 않는 회원국 정부의 승인을 거쳐야 한다(ASEAN 2014). 또한, 제랄드가 지적하고 있듯이 지원에 필요한 방대한 행정 업무 및 영어 소통 능력이 부족한 대부분의 시민사회 조직은 지원 과정 자체에서 원천적으로 소외될 수밖에 없다. 대신 행정 능력과 기본적 통신 인프라를 갖춘 중산층 이상의 조직이나 정부 관리와의 연결고리가 넓은 기관들에게 상대적으로 많은 기회가 주어진다. 또한 3년마다 실시되는 자격심사 제도를 통해 아세안 10개국 모두의 감독 기준을 통과한 기관들을 리스트에 업데이트하고 있다. 이런 까닭에 아세안 10개국 중 일국의 정부의 눈 밖에라도 나거나 아세안 엘리트들이 요구하는 상당한 양의 행정 업무를 유지할 수 있는 능력이 약한 NGO들의 참여율은 낮아질 수밖에 없다(Gerard 2015, 371-372). 2016년 당시 업데이트된 아세안 공인기관 리스트에 따르면, 80개 등록 기관 중에 27개는 입법, 기업 단체, 학술 기관, 기타 관련기관으로 구성되고 나머지 53개 기관은 시민사회 조직으로 분류되어 있다. 그러나 시민사회 조직으로 분류된 조직들을 살펴보면, 화장품 연합(ASEAN Cosmetic Association), 일본 유학생 위원회(ASEAN Council for Japan Alumni), 회계사 연합(ASEAN Federation of Accountants), 체스 연합(ASEAN Chess Federation), 고용주 연합(ASEAN Confederation of Employees), 조종사 클럽(ASEAN Federation of Flying Clubs) 등으로, 대다수의 기관이 중산층 이상 전문 직업군 또는 산업 관계자 연합으로 구성되고 있는 상황이다. 사회 문제를 다루는 기관은 아세안 여성조직 연합(ASEAN Confederation of Women's Organizations), 아세안 농촌 인력개발 파트너십(ASEAN Partnership for Development of Human Resources in Rural Asia), 약물남용 예방을 위한 아세안 연합(ASEAN Non-Governmental Organizations for the Prevention of Drugs and Substance Abuses) 등을 제외하면 전무한 상황이다(Register of Entities associated with ASEAN, 2016. 8. 3. 업데이트 기준).

결과적으로 아세안 활동에 참여하고 연대감을 향상시킬 수 있는 기회는 친정부적 입장에 서거나 비정치적 사안을 다루는 기관에게 편중될 가능성이 크다. 아세안의 개혁을 옹호하고 이에 관한 개선안을 전달하고자 하는 기관들은 아세안 관련 사안에 참여하기 어렵고 아세안 정체성을 강화하는 노력에서 제외되기 쉽다. 즉, 아세안 정부의 수사적 기대와 달리 아세안 정체성은 제한적이고 선택적으로 구성되고 있는 것이다.

3. 도구적 관리

아세안 정부가 민간 중심의(people-centered) 공동체를 장려하는 방식에 관한 또 하나의 특징은 시민사회 및 비정부 단체의 참여에 대한 여러 정부의 도구적인 기대에서 나타난다고 볼 수 있다. 앞에서 살펴보았듯이, 아세안 시민들이 자발적으로 교류하고 협력하면서 스스로 아세안 공동의 가치를 만들고 지역 정체성을 만들도록 장려하겠다는 내용은 사회문화 공동체 건설의 목표 중 하나로 명시되어 있다. 하지만 실제로 아세안 엘리트들이 지금까지 시민사회에게서 우선적으로 기대해 온 분야는 아세안을 알리고 홍보하는 역할이 주가 되었다고 볼 수 있다. 이 문제는 알란 콜린스(Alan Collins 2008)가 잘 정리하고 있다. 아세안 정부들은 공동체 건설을 위한 중심축을 설계하기 위해 아세안 헌장(ASEAN Charter) 설계를 기획했는데 이 과정에서도 시민사회 참여가 보다 확대되어야 한다는 입장이 중요하게 고려되기 시작했다. 당시 동남아 역내 주요 시민사회 네트워크들은 아세안 제도화가 본격화되는 과정에 시민사회의 의견을 보다 전략적으로 전달할 수 있도록 2006년 '아시아 시민지지 연대(Solidarity for Asian People's Advocacy, SAPA)'를 결성하였다. 그들은 헌장 수립과 관련하여 정부에게 정책 아이디어를 제공하기 위해 초대된 현인그룹(Eminent Persons Group, EPG)과 한 차례 공식 모임을 가지고 EPG에게 시민사회 참여의 제도화 및 사회경제적 이슈에 관한 여러 제안을 담은 보고서를 제출하는 등의 노력을 기울였다. 그럼에도 불구하고 EPG 최종 제안의 실행 여부를 결정하는 아세안 정부 고위급 관리 대책본부는 시민사회와의 협의메커니즘을 제도화하거나 정책조언 기능을 강화하자는 의견에 대해서는 보류의 원칙을 고수한다(Collins 2008, 324-325).

대신 아세안 정부 엘리트들은 시민단체들이 정부 주도 아세안 홍보 사업에 적극적으로 참여하여 역내 아세안 인지도를 제고하는 데 역할을 집중해 주길 기대했다. 아세안 정체성을 강화하는 과정에 대해서도 아세안 헌장은 시민사회의 주체적인 역할을 명시하기보다 아세안의 공식 부설기관인 아세안 재단(ASEAN Foundation)과 각 회원국 정부가 진행하는 사업에 대한 조력자 역할을 강조했다(ASEAN 2008). 아세안 재단과 정부 사무국 수준에서 지역 정체성을 강화하기 위해 진행하고자 하는 사업들은 여전히 문화 교류, 올림픽 등 비정치적인 분야 및 아세안 공동체를 상징하는 노래, 슬로건, 깃발 등을 홍보하는 사업에 집중되어 있다(Collins 2008, 324-326). 사무국이 발표한 ASCC 스코어카드에 따르면, 2010년 아세안이 채택한 사회문화공동체 커뮤니케이션 계획(ASCC Communication Plan)의 후속조치로 진행된 사업들은 여타 분야 협력에 비해 양적 비중에서도 제한적이지만 그 내용도 아세안 문화 축제, 아세안 홍보 시스템 구축, 대학생, 청소년 교류, 동남아 스포츠 게임 등이 주를 이루고 있다(ASEAN Secretariat 2016).

위와 같은 사업이 아세안이라는 지역을 상상하게 하는 데 중요한 역할은 할지 몰라도, SAPA 및 시민사회가 역내 협력을 위해 추구하고자 하는 중점 사업은 아니었다. 아세안 엘리트들은 정부 수준에서 자발적이고 수평적인 교류를 통해 스스로 정체성을 만들어 가고자 했지만 시민사회에게는 이와 유사한 방식의 교류를 장려하지 않았다. 정부 엘리트들은 공동의 관심사에 대해 자율적으로 교류하며 연대의식을 강화하는 '아세안' 시민사회를 기대하기보다 정부가 주도하는 공동체 만들기 사업의 저변 확대를 위해 시민사회를 홍보 목적에 활용하는 데 치중하는 경향을 보였다. 앞 장에서 살펴보았듯이, 역내 시민사회 조직들이 특정 가치나 목적으로 연대하고 이를 아세안 차원에서 확대해 나가는 작업이야말로 시민 수준의 지역 정체성을 구성해 나갈 수 있는 가장 효과적인 방안임에도 불구하고 아세안 정부는 여러 가지 검열 장치를 통해 입맛에 맞는 조직만을 선별적으로 지원하고 있다. 이런 상황에서 자율적인 인적 교류와 정체성 제고가 아세안 공동체의 목표라는 수사는 무색하기만 하다.

V. 결론

본문에서 검토한 것처럼 아세안 정부 엘리트들이 '아세안' 지역 정체성 형성을 위해 노력하는 모습은 이중적이다. 엘리트 사이의 '아세안 방식' 외교가 여러 회원국 지도자들이 상대국에 대한 현실주의적 불신을 깨고 정치적 부담을 줄이기 위해 수평적이고 원칙적이며 자율적이었다면, 아세안 정체성의 저변을 확대하기 위해 마련한 또 다른 '아세안 방식'은 그와 상반되는 모습을 보이고 있다.

이와 같은 이중성은 동남아시아 지역주의의 모순적 특성을 잘 드러낸다고 볼 수 있다. 아세안을 위시한 동남아시아 엘리트들의 지역주의 프로젝트는 '국가'와 '민족' 건설을 공동의 목표로 진행되었다. 국가건설 작업이 모든 지역협력의 우선순위이자 근간이었기 때문에, 이 목표는 엘리트들 사이의 공동 이익이 되었고 국가 우선주의는 공동의 가치가 될 수 있었다(Narine 2008, 413; Nesadurai 2009, 105; Jetschke and Rüland 2009). 국가와 민족 개념을 강화하는 기제로 지역 협력의 내용과 방식이 마련되었다면 지역 정체성과 유대감 역시 국가 정체성을 강화하는 데 도움이 되는 방향으로 형성이 되길 기대하게 된다(Tan 2006). 이런 측면에서 아세안 정부 엘리트들이 아세안 지역 정체성을 저변으로 확대시키는 작업을 진행할 때 위에서 다룬 것처럼 그 대상과 범위와 수준과 내용을 선택적으로 관리하고자 하는 이유를 파악할 수 있다. 즉, 아세안 엘리트들이 현재 선호하고 있는 참여 중심의 지역주의(participatory regionalism)는 국가 중심주의와 국가 정체성을 강화시키는 데 기여해야 한다는 아세안의 본래 목적에 기여하거나 최소한 해치지 않는 방식일 것이다. 이런 점에서 일부 국가의 정체성을 저해하는 정치적 가치를 다룬다

거나, 잠정적으로나마 국가주의를 약화시킬지 모르는 사회 세력들 사이의 '아세안' 유대감 형성은 엘리트들에게 반가운 일일 수 없다. 역내 시민들 사이의 '아세안주의'는 양면의 날이기 때문이다. 장기적으로 볼 때, 여러 사회 집단의 아세안주의와 지역 연대가 강화되어 아세안 지도자들의 정치 행태와 레짐에 대한 개혁을 요구하는 부메랑으로 돌아온다면, 아세안 엘리트들의 지역주의 프로젝트는 의도한 방향과 다르게 흘러갈 수 있다. 이런 측면에서 시민들의 참여를 정책적으로 독려할수록 아세안 지역주의의 이러한 규제적인 성격은 오히려 강화될지 모른다.

참고 문헌

연합뉴스. 2013. "유네스코 동남아 공동역사 발굴 전문가 회의." (9월 16일). http://v.media.daum.net/v/20130916144507089?f=o (검색일: 2016.12.18).

Acharya, Amitav. 1997. "Ideas, Identity, and Institution-building: From the 'ASEAN Way' to the 'Asia-Pacific Way'?" *The Pacific Review* 10(3): 319-346.

Acharya, Amitav. 2014. *Constructing a Security Community in Southeast Asia*. New York: Routledge.

ACSC/APF. 2014. "Reviewing AICHR's Terms of Reference Four Fundamental Concerns." Open letter to YB Dato' Sri Anifah bin Haji Aman, Minister of Foreign Affairs of Malaysia (July 23). http://aseanpeople.org/reviewing-aichrs-terms-of-reference-four-fundamental-concerns/ (검색일: 2016.12.18).

ACSC/APF. 2016. "A Successful ASEAN only Possible if Civil Society Taken Seriously." Press Release (September 13). http://aseanpeople.org/acscapf-2016-press-release-a-successful-asean-only-possible-if-civil-society-taken-s-eriously/ (검색일: 2016.12.18).

ASEAN. 2006. *Guidelines on ASEAN's Relations with Civil Society*

Organisations. http://www.uni-global-post.org/upload/meeting_in_manila_verweis8.pdf (검색일: 2016.12.20).

ASEAN. 2008. *ASEAN Charter*. http://www.asean.org/storage/images/archive/publications/ASEAN-Charter.pdf (검색일: 2017.3.20.).

ASEAN. 2014. *Guidelines on Accreditation of Entities Associated with ASEAN*. http://asean.org/wp-content/uploads/images/pdf/2014_upload/ANNEX%20A%20-%20Guidelines%20on%20Accreditation%20of%20Entities%20Associated%20with%20ASEAN.pdf (검색일: 2016.12.20).

ASEAN Secretariat. 2000. *Report of the ASEAN Eminent Persons Group (EPG) on Vision 2020: The People's ASEAN*. Jakarta: Author. www.aseansec.org/5304.htm (검색일: 2016.12.21).

ASEAN Secretariat. 2013. *The Surveys on ASEAN Community Building Effort*. Jakarta: Author. http://asean.org/?static_post=surveys-on-asean-community-building-effort-2012 (검색일: 2016.12.21.).

ASEAN Secretariat. 2016. *2015 ASEAN Socio-Cultural Community(ASCC) Scorecard*. Jakarta: Author. http://www.asean.org/storage/2016/04/9.-March-2016-2015-ASCC-Scorecard-1.pdf (검색일: 2016.12.21).

Ba, Alice. 2009. [Re]*Negotiating East and Southeast Asia*. Stanford: Stanford University Press.

Ciorciari, John. 2012. "Institutionalizing Human Rights in

Southeast Asia." *Human Rights Quarterly* 34(3): 695–725.

Chong, Terence, and Stefanie Elies, eds. 2011. *An ASEAN Community for All: Exploring the Scope for Civil Society Engagement*. Singapore: Friedrich–Ebert–Stiftung.

Collins, Alan. 2008. "A People–oriented ASEAN: A Door Ajar or Closed for Civil Society." *Contemporary Southeast Asia* 30(2): 313–331.

Gerard, Kelly. 2014. "ASEAN and Civil Society Activities in " Created Spaces": The Limits of Liberty." *The Pacific Review* 27(2): 265–287.

Gerard, Kelly. 2015. "Explaining ASEAN's Engagement of Civil Society in Policy–making: Smoke and Mirrors." *Globalizations* 12(3): 365–382.

Jetschke, Anja, and Jürgen Rüland. 2009. "Decoupling Rhetoric and Practice: The Cultural Limits of ASEAN Cooperation." *The Pacific Review* 22(2): 179–203.

Kivimaki, Timo. 2012. "Southeast Asia and Conflict Prevention: Is ASEAN Running out of Steam?" *The Pacific Review* 25(4): 403–427.

Narine, Shaun. 2008. "Forty Years of ASEAN: A Historical Review." *The Pacific Review* 21(4): 411–429.

Nesadurai, Helen E.S. 2009. "ASEAN and Regional Governance after the Cold War: From Regional Order to Regional Community?" *The Pacific Review* 22(1): 91–118.

Register of Entities associated with ASEAN. 2016 (8월 3일 업데이트 기준). http://asean.org/storage/2016/12/Register_of_Entities_Associated_with_ASEAN_as_of_16_Nov_2016.pdf (검색일: 2016. 12. 18).

Rüland, Jürgen. 2014. "The Limits of Democratizing Interest Representation: ASEAN's Regional Corporatism and Normative Challenges." *European Journal of International Relations* 20(1): 237–261.

Tan, See Seng. 2006. "Rescuing Constructivism from the Constructivists: A Critical Reading of Constructivist Interventions in Southeast Asian Security." *The Pacific Review* 19(2): 239–260.

5.

재현되는 베트남전:
안정효와 정지영의 '하얀전쟁'

윤대영

5 재현되는 베트남전: 안정효와 정지영의 '하얀전쟁'

윤대영

I. 프롤로그: 에필로그를 위한 재현

1964년 8월 통킹(Tongking)만 사건을 구실로 미군 등 외국 군대가 개입한 베트남전쟁은 캄보디아, 라오스로 전선이 확대되면서 1973년 3월까지 국제전으로 치러졌다. 통킹만 사건 이후 미국이 후방 지원 부대의 파병을 한국 정부에 요청하자, 한국군 제6사단 사령부에서 창설된 비둘기부대는 1965년 3월 16일 사이공(Sài Gòn)에 도착하여 건설 지원 임무를 수행해 나갔다. 그리고 청룡부대(해병 제2여단) 제1진이 1965년 10월 9일 깜 란(Cam Ranh)에, 맹호부대가 11월 2일 꾸이 년(Quy Nhân)에, 증파(增派) 사단 백마부대가 1966년 9

월 5일 냐 짱(Nha Trang)에 각각 상륙했다. 이후 1973년 3월에 한국군이 완전히 철수하기까지, 파월(派越) 병력의 누계는 32만 명 정도였다. 연평균 5만여 명이 상시 주둔하고 있었기 때문에, 파병 규모는 미국에 이어 2위를 차지하고 있었다. 그래서 한국군은 전쟁 기간 동안 약 5천여 명이 전사하고 1만여 명이 부상당하는 엄청난 인명 피해를 입기도 했다. 미국이 패배를 겪으면서 자존심의 추락, 귀환 장정의 사회 부적응 등과 같은 심각한 후유증을 앓고 있었을 때, 베트남전을 바라보던 한국 사회의 인식은 어떠한 전변(轉變)을 겪고 있었을까?

파병이 진행되던 1960년대 중반과 1970년대 초반을 거쳐 현재에 이르기까지, 베트남전쟁에 대한 경험은 수기나 보고 문학,[1] 유행가, 만화는 물론, 시나 소설, 영화와 같은 영상 매체에 이르는 다양한 방식으로 전달되었다(박태일 2000, 133-134). 특히 1970년대부터 파월 경험을 가진 문인들이 베트남전을 소재로 소설을 발표하기 시작했다. 황석영(黃晳暎)은 전쟁터에서 동서양이 대립하는 모습을 그린 「탑(塔)」(1970)이란 단편으로 신춘문예에 당선되었고, 송기원(宋基元)도 전쟁 후유증을 앓고 있는 어떤 살인범의 고백인 단편 「경외성서(經外聖書)」(1974)로 등단한 이후 「월남에의 기억」이라는 5편의 연시(連詩)를 발표하기도 했다. 이처럼 청룡부대에서 복무했던 두 작가가

1 보고 문학은 일종의 기록 문학으로, 다큐멘터리 수법으로 현실의 사건과 사실을 충실하게 묘사하고 기록하는 문학 형식이다.

모두 1970년대 초에 단편을 썼는데, 백마부대의 일원으로 참전한 박영한(朴榮漢)은 장편 『머나먼 쏭바강』(1977)과 『인간의 새벽』(1980)을 발표함으로써 베트남전쟁 소설의 장편화를 열었다. 작가 개인의 경험과 세계관, 전쟁관의 차이에 따라 전쟁 문학의 작품 경향도 크게 달라지게 마련인데, 황석영의 작품은 전쟁의 해석에서 깊이를 더해 갔다는 평을, 박영한의 작품은 감성과 경험의 영역을 넓혀 주었다는 평을 받았다(『매일경제』 85/12/14, 9).

이와 같이 베트남전쟁 기간 중이나 종료 후에 간헐적으로 이루어지던 '전쟁의 문학화' 작업이 한동안 없었다가 1985년에 새롭게 시도되었다. 황석영이 장편 『무기의 그늘』을 펴낸 데 이어, '번역 문학가'로 잘 알려져 있던 안정효(安正孝)가 장편 『전쟁과 도시』를 발표했다. 『월간조선』과 『실천문학』에 각각 연재된 이 작품들은 전쟁의 평가가 직정적(直情的)일 수 있는 시기를 지나 세계사적인 안목과 제3세계적 인식으로 객관화, 내면화할 수 있는 시점에 발표되었다는 점에서 주목을 끌었다(고명철 2005, 242).

이후 『전쟁과 도시』를 *White Badge*와 『하얀전쟁』으로 개제(改題)하고 수정하여 미국과 한국에서 각각 다시 간행한 안정효 작품의 특징은 단편적인 전투 중심의 묘사나 전쟁으로 인한 인간성의 황폐, 사랑의 좌절을 그린 종전의 작품들과 달리, 베트남전의 의미를 다양한 측면에서 새롭게 조명하고 있다. 아울러, 1990년대 초반에 안정효의 원작을 영화로 만든 정지영(鄭智泳)의 『하얀전쟁』은 기존 베트남전쟁 영화의 한계를 넘어서며 한국 사회에 새로운 메시지를 던졌다. 이 글은 한국 현대사의 '회한(悔恨)'으로 남아 있는 베트남전쟁에 대한 초기의 반성적 성찰이 백마부대 연대장과 맹호부대 대대장으로 각각 복무한 전두환과 노태우가 통치하던 1980년대와 1990년대에 소설과 영화로 재현(再現)되어 대중적으로 이슈화되는 과정을 검토함으로써 현재적 의의를 모색해 보고자 한다.

II. '용병' 안정효의 『하얀전쟁』

1967년 초 당시에 "농사 지어 먹고 살기가 이렇게 어려울 바에야 차라리 죽어 돌아오더라도 월남에나 가볼까" 하는 어느 농촌 청년의 한숨과 기대가 보여 주듯이, 베트남에 간다는 것은 결코 '선택'이 아니었다. 베트남에라도 가지 않고는 살 길이 없던 현실 속에서, 어둡고 슬픈 저마다의 사연들이 있었다. 그래서 파월 장병들은 도시보다 농촌 출신이 많은 편이었다(『동아일보』 67/01/12, 1).[2] 그런데 도시에서 태어나고 자란 안정효가 어떠한 연유에서 파월을 '선택'하게 된 것일까?

1941년 서울에서 태어나 6·25를 겪으며 만화가를 꿈꾸었던

2 예를 들어, 인구가 20만밖에 되지 않던 전북 익산군(益山郡)은 약 400명의 파월 장병들이 있었지만, 인구 80만의 대구시에는 약 120명의 파월 장병들이 있었다.

안정효는 고등학교 때 만화 잡지에 작품을 발표하기도 했다. 이후 1961년 서강대 영문과에 진학한 그는 2학년 때부터 영어로 소설을 썼다. 졸업 전에 이미 7권의 장편 소설과 1권의 연작 소설을 탈고한 안정효는 3학년 때부터 미국의 여러 유명 출판사에 원고를 보내기 시작했지만, 번번이 거절당했다. 4학년 때부터 영문 일간지 *The Korean Republic*(현재의 *The Korea Herald*) 문화부 기자로 일하기 시작했을 무렵에도, 그는 글을 써야 한다는 어떤 숙명적인 욕구로부터 벗어날 수가 없었다고 한다. 기자로 일하다가 뒤늦게 입대한 안정효는 군대에서도 영문 소설을 계속 수정하여 미국의 몇몇 출판사에 보내 보았지만, 결국 좌절에 빠지고 말았다(『매일경제』 90/02/15, 20; 『동아일보』 92/02/08, 31; 『경향신문』 93/01/21, 9; 『조선일보』 09/02/02; 안정효 1985, 333).

그런데 베트남전쟁이 한국에게도 현실로 밀어닥치던 무렵에, NEA통신의 티디(Tom Tiede) 기자가 현지에서 쓴 칼럼 "Dateline Vietnam"은 안정효에게 새로운 세계를 보여 준 계기였다. 이 칼럼은 전쟁 보도가 전과(戰果)를 나타내는 통계만이 아니라 인간의 심층을 파고드는 장르의 저널리즘일 수도 있다는 사실을 깨닫게 해 주었다. 그래서 그는 인간 본위의 전쟁 보도를 최초로 개척했던 파일(Ernie Pyle)을 비롯하여 헤밍웨이(Ernest Hemingway), 스타인벡(John Steinbeck), 쇼(Irwin Shaw) 등이 제2차 세계대전 당시에 작성한 기사들을 많이 읽었고, 자신도 그러한 호소력이 강한 글을 쓰는 기자가 되고 싶었다(안정효 1985, 333).

그러다가 "작가가 되려면 전쟁을 경험하는 것이 좋겠다"는 "지극히 막연하고 유치한 발상"으로 안정효는 25세 때인 1966년 백마부대 선발대에 섞여 정훈 사병으로 파월을 '선택'했다. 그는 칼빈 총 한 자루와 전투 식량, 메모지, 카메라 한 대를 들고 "피비린내가 질펀한 월남의 정글"로 뛰어들어서 취재한 자료를 정리하여 *The Korean Republic* 이외에도, 사이공의 *The Saigon Post*와 *Saigon Daily News*, 미국의 *Youth*, *San Francisco Chronicle and Examiner* 등과 같은 해외 신문사에 기고하기도 했고, *The Korea Times*에 전쟁터의 인간 군상을 소묘하는 칼럼을 쓰거나 AP 통신에 사진을 찍어다 파는 통신원 노릇도 하면서 지냈다(안정효 1985, 333-334;『경향신문』 80/07/18, 5, 85/03/15, 7, 89/12/19, 3, 93/01/21, 9;『동아일보』 92/02/08, 31).

1967년 12월 베트남에서 귀국하여 제대한 후 어느덧 스물여덟이 된 안정효는 *The Korea Times* 기자로 일하면서 자신이 경험했던 베트남전쟁을 다시 소설로 쓰기 시작했는데, 사실 이 전쟁은 그의 문학에 지대한 영향을 끼쳤다. 정훈 사병이었던 그는 전투 상황을 특파원들에게 브리핑하고 외국 기자들을 안내하는 임무를 수행했기 때문에 정글 속에도 자주 들어가서 전쟁의 다양한 모습을 볼 수 있었다. 이러한 체험과 참전 기간 중 두툼한 공책에 꼬박꼬박 기록한 '일기'는 안정효의 소설을 더욱 생생하게 만들었다(『경향신문』 85/03/15, 7, 93/01/21, 9;『동아일보』 92/02/08, 31).

안정효는 참전 중에 쓴 글들을 모아 *Battlogue*(전쟁기)라는 책을 만들어서 다시 미국의 여러 출판사에 보냈지만 대답을 듣지 못했다. 그러면서 다시 한글로 소설을 쓰기 시작한 그는 십여 년에 걸쳐 2편의 장편 소설과 1편의 중편 소설, 그리고 갖가지 형태의 베트남전 이야기를 엮어 냈다. 그러나 안정효는 장편을 들고 나오기에는 무척 불편했던 당시의 국내 문단으로부터 냉대를 받게 되자 처음으로 창작을 포기하려는 생각에 빠지기도 했다. 결국 그는 신문사를 그만두고 생계를 위해 번역 작업에 매달려 130여 권의 소설을 번역함으로써 '번역 문학가'라는 명칭을 얻게 되었다(『경향신문』 89/12/19, 3).

그러나 뼈저린 정글 체험과 관련된 모든 이야기를 죽기 전에 누군가에게 꼭 해야만 한다는 사명감과 버릴 수 없었던 창작 욕구는 안정효를 결코 놓아 주지 않았다. 1983년은 전쟁터를 다녀 온 지 꼭 15년이 지난 해였다. 그는 4개월 동안 "이것이 마지막"이라고 다짐하면서 전쟁터의 이야기들을 소재로 베트남전 체험을 정리하게 되었다. 그는 1984년 여름에 이 체험과 관련된 소설을 탈고한 후 『에필로그를 위한 전쟁』이라고 제목을 달았다가 『전쟁과 도시』로 바꾸었고, 원래는 이 소설을 단행본으로 출판하려 했으나 출판사 측의 적극적인 반응에도 불구하고 문학지 응모를 결심했다. 자신의 이름이 이미 문단과 출판계에 널리 알려져 있어서 작품 자체의 평가보다는 이름 덕을 본다는 비난을 벗어나고 싶어서였기 때문이었다. 그러던 중 안정효는 1985년에 이 소설을 어머니의 이름을 빌어 모(某) 문학상에 응모했다. 당선작으로 물망이 오르던 이 작품은 베트남전쟁을 소재로 했다는 이유로 결국 떨어졌다. 이러한 점을 아쉽게 여긴 심사 위원들이 계간 『실천문학』 창간 특집에 추천하여 3월 말부터 그의 첫 작품이 알려지게 되었고, 2년 후 『전쟁과 도시』는 단행본으로 발간되었다(『경향신문』 89/12/19, 3).

1966년 가을부터 1967년 말까지 13개월 동안 백마부대 일원으로 참전한 안정효가 자신의 체험을 바탕으로 베트남전에서 한국 장병들이 손상(損傷)되어간 과정을 다룬 작품이 『전쟁과 도시』이다. 이 소설은 전쟁에서 받은 충격으로 인간성이 변질된 변진수 일병과 주인공 한기주 병장이 제대 후 서울에서 펼치는 이야기와 전쟁의 회고로 엮어졌고, 전쟁터에서 돌아온 '나'의 정신적 고뇌를 정치적, 군사적, 역사적 의미보다는 전쟁 행위에 휘말린 인간의 모습에 관심을 두고 있었다. 그러나 소설가 이호철(李浩哲)과 이문구(李文求)의 호평을 받기도 했던 이 작품은 "번역을 하던 사람이 쓴 소설"이라는 문학계의 냉담한 반응 때문에 그다지 관심을 끌지 못한 채 묻히고 말았다(『경향신문』 85/03/15, 7; 『동아일보』 85/11/28, 12, 90/04/30, 10; 안정효 1985, 333).

안정효는 뒤늦게 '작가'가 되었지만, 그의 작품을 읽어 주는 사람들이 별로 없었다. 3년 동안 원고 청탁이 단지 두 꼭지의 단편소설로 끝나자, 그는 마지막으로 한 번만 더 영문 소설을 써 보자고 결심했다. 그래서 안정효는 1987년 1월 13일 『전쟁과 도시』, 사전, 참고 자료 등을 트렁크에 쓸어 넣고 난생 처음 미국 땅을 밟았다. 그는 여동생이 사는 텍사스(Texas) 주의 조그만 시골 파우덜리(Powderly)에서 3개월간 머물면서 『전쟁과 도시』를 영어로 개작했다(『동아일보』 92/02/08, 31; 『경향신문』 89/07/10, 8, 89/12/19, 3).

영문판 소설 *White Badge*는 백마부대의 사단 마크뿐만 아니라 아시아에서 죽음을 상징하는 빛깔을 의미하는 제목을 붙이고 한국 소설이라고 부제를 달았다. 구성이 바뀌었지만, 등장인물이나 전반적인 스토리는 『전쟁과 도시』와 대동소이하다(Ahn 1989). 다만 미국인들의 정서로 이해하기 어려운 부분은 영문 소설에서 삭제되었다. 지난 10여 년 동안 미국 사회를 사로잡았던 PTSD(외상 후 스트레스 장애), 즉 엄청난 비극을 겪은 뒤 후방에 돌아와 적응하지 못하는 귀향 군인들의 정신병 증세와 똑같은 한국 병사들의 고민이 묘사된다. 특히 이 소설은 베트남의 처참한 모습이 주인공의 한국동란 시절 회상과 겹쳐져 39년 전에 미국인들이 참전했던 전쟁을 묘사하고 있는데, 베트남의 아동들을 보면서 6·25 때 쓰레기통을 뒤지던 한국의 거지 아이들, 베트남의 창녀들과 한국 전쟁 당시 기지촌의 여성들을 대비시켜 이중적인 충격을 던져 준다. 그리고 『전쟁과 도시』에서 제외되었던 미국에 대한 비판 부분이 새로 추가되었다.

안정효는 미국의 출판사 에이전트 명부를 뒤져 "고급 문학과 아시아에 관심을 갖고 있다"는 어떤 출판 중개업자에게 편지와 작품을 보냈다. 이 중개업자는 베트남전쟁을 진지하게 다룬 소설이 아직 미국에는 없으며, 대부분의 미국인들은 다른 국가들이 베트남에서 싸웠다는 사실을 기억조차 하지 못하기 때문에, 아시아의 전쟁을 아시아인의 눈으로 본다는 점이 독자들에게 신선함을 줄 것이라고 평가했다. 중개업자가 소개한 뉴욕의 소호(SOHO)출판사는 안정효의 소설을 출판하기로 결정했고, 출판사 사장이 직접 소설의 퇴고를 맡았다. 1989년 5월 말에 드디어 *White Badge*가 출간되었고, 안정효는 국내 작가로는 처음으로 미국 문단에 데뷔했다(『경향신문』 87/08/08, 6, 89/07/10, 8;『매일경제』 90/02/15, 20).

그는 한 세대 전에 자신의 나라에서 비슷한 전쟁을 치른 적이 있는 미군들과 나란히 싸우는 한국의 병사들에 대해서 거의 알려지지 않은 이야기를 하고 있었다. 미국에서의 반응은 "너무나도 똑같고 너무나도 다른 이야기"라는 것이었다. 이 소설은 한국과 베트남에서 자행되던 미국의 신식민주의를 거부하는 민족주의적인 면모뿐만 아니라 전쟁의 광증과 타락상도 보여 주었고, 그 내용이 전혀 다른 시각에서 재현되고 있다는 점에서 미국 독자들의 관심을 끌었다(『동아일보』 89/07/18, 19).

그래서 *White Badge*는 미국 언론의 주목을 받기 시작했다. 안정효는 소설 출간에 맞추어 1989년 5월 30일부터 6월 29일까지 미국을 다녀왔다. 그가 로스앤젤레스(Los Angeles)에 도착한 지 나흘만인 6월 3일, *White Badge*의 서평이 *The New York Times* 문화면에 대서특필되면서 작가는 신문 방송의 표적이 되었다. 이후 안정효는 *The Honolulu Advertiser*, *The Christian Science Monitor*, *Los*

Angeles Times 등과 같은 신문들, 그리고 출판 전문지 *Publishers Weekly*와 인터뷰했다. 하와이 ABC TV의 정오 뉴스는 앵커의 인터뷰로 그를 소개했고, 호놀룰루(Honolulu)의 최대 서점 알아모아나(Alamoana)에서는 사인 판매 행사도 열렸다(*The New York Times*, 89/06/03, 16; *The Christian Science Monitor*, 89/08/10, 12; *Los Angeles Times*, 89/09/10, 2; 『경향신문』 89/07/10, 8, 89/12/19, 3, 89/12/22, 13). 이러한 과정을 거치면서 한국의 베트남전쟁 후유증을 다룬 이 책은 세계적으로 1백만 부 이상이 팔리면서 베스트셀러가 되었다(『동아일보』 91/11/23, 26; 『한겨레』 92/01/15, 9). 미국과 영국에서 동시 출판된 *White Badge*는 1986년 6월부터 한국에도 수입되어 서울, 부산, 대구, 인천, 광주, 대전, 청주, 전주, 춘천 등지에서 판매되기 시작했다. 그리고 1989년 11월 고려원(高麗苑)은 영문 소설의 한글판을 『하얀전쟁』이란 제목으로 내어 놓았다(『경향신문』 89/12/19, 3; 안정효 1989).

『하얀전쟁』은 베트남전쟁의 상흔 때문에 무력한 삶을 살아야 하는 귀환병들의 이야기를 현재의 한국과 과거의 베트남을 회상하면서 장 별로 교차 서술하는 격자(格子) 소설이다. 이러한 격자식 구성을 통해 22개의 장으로 분절된 시간적, 공간적 배경은 두 나라를 번갈아 보여 주면서 베트남전의 비인간적 흉폭성과 전후 한국 사회에 적응하려는 제대 병사들의 처절한 고뇌를 여실히 대비시키고 있다. 동시에 이 소설은 전쟁에 대한 인간의 시각이 세월의 흐름에 따라 어떻게 변하는가에 관심의 초점을 맞추면서, 흘러간 젊은 한 때의 전쟁 체험이 그들의 삶을 얼마나 오랫동안 구속하며, 또한 전후

인생에 어떠한 견인력으로 작용하고 있는가를 보여 주고 있다(윤정헌 1994, 139).

돌아다니면서 '영업'하는 베트남 창녀를 상대로 개울가에서 동정을 바치고 성병에 걸리거나 맥주 한 상자와 포경수술을 맞바꾸기도 하는 소설 속의 병사들은 대략 3가지 유형으로 구분될 수 있는데, 한기주 병장, 성병조 상병, 변진수 일병이 이들이다. 지능지수 158의 대학생으로 입대한 157센티미터의 한기주는 자신의 "권태롭고 무기력하고 무의미한" 삶으로부터 도피하기 위해 파월 복무를 선택했으며, 성병조는 전쟁을 재미있고 신나는 것쯤으로 여겨 즐기러 온 인물이다. 변진수는 입대하기 전에 대한극장의 간판을 그렸고, 소심해서 나이 스물넷이 될 때까지 연애 한 번 제대로 못해 본 위인으로 고참 병사의 시달림에 견디다 못해 자원한 경우이다. 그런데 야간 포격과 조명탄, 겁먹은 베트콩 포로의 퀭한 눈, 부상병의 짐승 같은 비명 소리를 보고 들은 소속 분대원들 중에서 그나마 무사히 귀국선을 탄 병사들은 한기주와 변진수 둘뿐이었다(안정효 1989, 12, 25, 32, 126).

『하얀전쟁』의 초반부에서 11개월 26일을 베트남에서 보냈던 한기주는 청와대 뒷산을 멍하니 바라보고 천천히 맥주를 마시며 이런 생각에 잠긴다.

> 언젠가 저곳에 살던 대통령은 그가 이 민족을 위해 옳고 보탬이 된다고 생각했기 때문에 우리들을 월남으로 보냈다. 국

제적인 체면이나 어쩌면 한국전쟁 동안 우리들을 도와준 미국에 대한 감사의 표시였는지도 모르지. 아니면 국가의 복지를 위해서. 그까짓 이유가 무슨 상관이 있는가. 우리들이 목숨을 바쳐 그 대가로 벌어들인 피 묻은 돈이 나라의 발전과 현대화를 위한 밑거름 노릇을 했다. 그리고 우리들의 공훈 때문에 대한민국은, 적어도 그 상부 계층은 세계시장으로 거보(巨步)를 내디뎠다. 목숨을 팝니다. 용병의 민족.

국내에서 출판되었을 당시 그다지 관심을 끌지 못했던 『전쟁과 도시』에 당시 독재 정권의 검열 때문에 쓰이지 않았던 "용병의 민족"이라는 표현이 『하얀전쟁』에 새롭게 등장한 것이다.

저마다의 이유로 베트남 땅을 찾아간 용병들은 "인간 사냥"을 다니다가 전쟁터의 무의미한 살육과 목적이 불분명한 '대리 전쟁'에 대해서 서서히 환멸을 느끼고, 죽음의 공포도 점점 깊어진다(안정효 1989, 23). 이 과정에서 변진수 일병은 야간 전투에 대비해서 호를 대신 파주는 "월남 사람들이 우리 무덤을 파고 있어요"라고 되뇌면서 망가지기 시작한다(안정효 1989, 118). 특히 1개 소대가 한 달 동안 정글 속으로 장거리 수색 정찰을 나갔다가 겨우 일곱 명만 살아서 돌아온 후에, 그는 완전히 정신병자가 되어 버린다. 뜨거운 태양 아래 괴이한 전투 경험을 쌓아가며 비극적인 인간으로 다시 태어난 병사들은 결국 1년이라는 파월 복무를 끝내고 귀국선을 탄다. 막상 고향으로 돌아온 한기주 병장은 고향이 낯설기만 하고, 마치 오랜 형기를 마치고 돌아온 유형자처럼 자신의 터전에서 이질감을 느낀다. 그는 극적인 전쟁 상황이 사라진 무감각한 일상생활에 젖어 출판사 부장으로 단세포적인 사고 활동만 되풀이하는 도시인이 된다. 변진수는 전쟁에서 돌아온 후 사회에서 자신이 살아가야 하는 자리를 찾지 못해 이리 저리 방황하다가 급기야는 정신병원으로 끌려가야 하는 처지로까지 몰리고 만다. 이른 아침 산책길을 걸으면서도 베트남을 생각하던 한기주와 정신병자 변진수의 해후는 결코 즐거운 재회가 아니었다. 끝없는 도피와 공포의 생활을 끝내 견딜 수 없는 변진수는 소대장의 가정집에서 훔친 폴란드제 권총을 내놓으며 비겁한 패배자인 자신을 처형해 달라고 한기주에게 부탁한다. 처음에는 전우의 처형을 거절하던 한기주가 자신이 처형하는 것은 전우가 아니라 전쟁이라고 생각하며 공원에서 변진수를 사살한다(안정효 1989, 141).

변진수와 한기주의 현재 고통이 "끈끈한 얼룩이 되어 지워지지 않는" 과거의 전흔에서 비롯되었다는 사실은 결국 "영문도 모르면서 전쟁에 뛰어들어" '이중의 전쟁'을 겪어야만 했던 귀환병들의 고뇌를 요연(了然)히 압축해서 보여 주고 있다. 젊은 한때에 다양한 이유로 참전했던 '타인들의 전쟁'에서 가해자로서의 죄의식과 피해자로서의 전율을 동시에 공유해야 했던 '이방인' 용병들의 상처받은 영혼을 통해, 전쟁의 근원적 속악성(俗惡性)이 잘 드러난다. 아울러 이러한 상황 설정은 국가가 수행하는 전쟁이라는 죄악에서 "전쟁을 강간하며" 희생되는 개별 인간의 정신적 상처를 부각시키면서도 그 전쟁에 대한 개인의 책임을 과감하게 직접 대면해 나가는 하나의 방식이기도 하다(안정효 1989, 24, 78, 168).

『하얀전쟁』을 국내에서 펴내기 시작한 지 20일 만에 5만 부 출고를 기록한 것을 본 누군가가 “이것은 20일 동안의 사건이 아니라 20년에 걸친 사건이야”라고 안정효의 기나긴 실패의 내력을 회고하며 말하기도 했다. 1989년 11월 말에는 『하얀전쟁』이 소설 부문 9위로 올라섰고, 출판된 지 3개월도 못돼 10만 부 선에 육박하면서 이듬해 2월에는 소설 부문 3위를 기록하게 되었다(『경향신문』 89/12/01, 12, 89/12/19, 3, 90/02/10, 10, 02/24/10). 안정효가 “정복”이라고 표현한(『경향신문』 89/12/19, 3), 이렇게 놀랍고 갑작스러운 대중적인 등장은 미국 문단에서 얻게 된 명성 이외에도 개인적인 ‘용병’으로서의 실존적인 경험을 재현하며 한국 사회에 과감하게 화두로 제시했기 때문이다.

III. ‘금기’에 맞서는 정지영의 『하얀전쟁』

『하얀전쟁』의 최상준 소위가 말하는 “현지 보도라는 이름의 엉터리 선전 영화”나 1960년대의 『여자 베트콩 18호』, 1970년대 초의 『월남에서 돌아온 김상사』 등 평작 이하의 반공 오락 영화들이 개봉되어 상영된 이후, 한국 영화는 베트남전쟁에 대해 침묵으로 일관해 왔다(안정효 1989, 132; 『한겨레』 91/09/01, 10). 미국에서는 미군 철수 이후에도 베트남전을 다룬 영화들이 등장하면서 국내로도 수입되어 개봉되었지만,[3] 한국에서는 이 전쟁을 다루는 것 자체가 쉽지 않았다. 1970년대의 박정희 정권, 1980년대의 전두환 정권은 베트남전쟁을 소재로 한 영화를 대중 영화계에 허락하지 않았고, 당국의 영화 심의는 "내 아들이 월남에 가서 죽었다"는 대사조차 삭제하게 했다.[4] 아마도 남북 분단 상황에서 적화 통일된, 그것도 한국군이 개입해서 그렇게 된 전쟁을 드러내고 싶지 않았을 것이고, 북한의 우월성도 강조하는 것으로 여겨질 우려가 있기 때문에 더더욱 그러했을 것이다(『한겨레』 91/10/20, 10; 강성률 2005, 254).

1988년 11월 13일부터 MBC 텔레비전이 미국인의 입장에서 베트남전쟁을 다룬 외화시리즈 『머나먼 정글』을 매주 일요일 저녁 6시에 방송하기 시작했지만(『한겨레』 88/11/30, 12), 한국인의 시각으로 베트남전을 공식적으로 다룬 영화는 1990년대에서야 등장하게 되었다. 1991년 봄에는 전쟁이 끝난 뒤 꼭 15년 만에 베트남 여배우를 기용하여 만든 황동주 감독의 『머나먼 사이공』이 개봉되었고, 8월 말부터 김유민 감독의 『푸른 옷소매』가 상영되기 시작했다(『한겨레』 91/09/01, 10). 『머나먼 사이공』은 참전 병사와 베트남 여대생의 비련을 그리고, 『푸른 옷소매』는 파월 장병들의 숱한 희생과 전쟁의 참상 속에서 피어나는 풋풋한 사랑을 다룬다. 이처럼 베트남전쟁의

---

3 예를 들면, 『디어 헌터』(1979.03.03. 개봉), 『플래툰』(1987.07.04. 개봉) 『7월 4일생』(1990.03.17. 개봉) 등이다.

4 예를 들면, 1976년에 개봉된 김수용 감독의 『내 마음의 풍차』.

아픈 기억을 간직한 사람들의 일상을 다룬 영화는 가끔 등장했지만, 이 전쟁을 전면적으로 재검토하면서 당시의 '금기'에 도전한 영화는 정지영 감독의 『하얀전쟁』(1992)이 처음이었다. 그런데 이 작품이 대중적으로 성공하면서 작품 자체도 인정받을 수 있었던 이유는 무엇일까?

1946년 청주에서 태어난 정지영은 감독의 꿈을 품고 동국대 연극영화과를 수석으로 합격했지만, "당장 영화 찍고 싶은 사람 붙들고서 따분한 이론만 가르친다"며 뛰쳐나와서 고려대 불문과에 들어갔다. 그는 1969년부터 1972년까지 군대 생활을 할 당시 베트남 전쟁에 지원한 경험도 있었다. 정지영은 "영화를 만들기 위해 전쟁을 체험해 두고 싶다는 치기에 사로잡혀 있었는데", 파병 심사에서 탈락하고 말았다(『한겨레』 91/10/20, 10, 92/10/06, 9; 『조선일보』 97/10/27). 소설 『하얀전쟁』의 작가 안정효, 그리고 등장인물 한기주와 그의 동료들은 정지영과 세대가 같았던 셈이다.

이후 대학을 졸업한 정지영은 1974년 영화감독 위원회가 개설했던 영화워크숍에서 영화 수업을 받았고, 이듬해 충무로에 들어가 조수 생활과 김수용 감독의 연출부를 거쳐 1982년에 『안개는 여자처럼 속삭인다』로 감독 데뷔했다. 그는 1988년 유아이피(UIP) 직배 저지 운동의 선두에 섰다가 1989년 9월 구속되는 등, 한국 영화 개혁 현장의 한가운데 서 왔고, 1992년에는 영화인협회 부이사장으로 영화법 폐지와 영화 진흥법 제정을 위해 뛰었다(『한겨레』 91/10/20,

10, 92/10/06, 9). 이 과정에서 1987년 6월 항쟁으로 사회 분위기가 급변하면서 월북 작가들이 해금되고 조선인민유격대 출신 이태의 실화소설 『남부군』이 출판되어 베스트셀러가 되자, 정지영은 이 소설을 1990년에 영화로 만들었다. 추리 드라마와 멜로드라마 그리고 가벼운 에로물 등을 만든 감독이 그동안 금기시해 온 주제를 영상에 담은 것은 한국 영화계의 커다란 '사건'이 아닐 수 없었다(이효인 1992, 275). 그런데 이 영화를 촬영할 때 안정효의 원작 소설을 먼저 읽은 주연 안성기는 『하얀전쟁』을 정 감독에게 추천한 장본인이었고, 영화 『하얀전쟁』의 극작가로 참여하게 될 오태영은 1960년대 후반을 베트남전쟁에서 보낸 참전 용사였다(『한겨레』 91/10/20, 10, 92/01/25, 9).

초창기에 정지영을 지배했던 감독은 이탈리아의 거장 안토니오니(Michelangelo Antonioni, 1912~2007)였다. 그러나 시간이 흐르면서, 영화 전문가들에게 영향을 끼치는 그러한 천재 감독들의 작업은 자신이 선택할 방향이 아니라는 생각이 자리 잡기 시작했다. 그래서 그는 대중적 공감대를 폭넓게 취할 수 있는 작품에 관심을 가지게 되었다(이효인 1992, 276). 사실 『남부군』이나 『하얀전쟁』과 관련된 주제는 지식인이라면 어느 정도 알고 있는 것들이었지만, 정지영은 이러한 문제들을 대중적으로 푸는 작업이 아무래도 영화감독의 몫이라고 생각했다.

영화와 사회와의 관계를 아주 치밀하게 관련짓고 민감하게

> 접근하는 것도 의미가 있겠지만, 대중들의 정서와 공감을 끌어내는 것이야말로 더 영화와 사회와의 관계를 올바르게 정립하는 것입니다(이효인 1992, 276).

특히 베트남전쟁을 소재로 한 미국 영화들은 자국의 입장을 옹호한 것이든 반전 색채를 띤 것이든 모두 미국인의 시각으로 만들어질 수밖에 없었기 때문에, 정지영은 "늦었지만" 이제는 한국인의 영화를 만들어야 한다고 주장했다. 한국 영화에서는 베트남전의 역사적, 정치적 측면이 본격적으로 점검된 적이 없었기 때문에, 영화『하얀전쟁』은 "그 점검 작업의 시작"이었다. 베트남전쟁은 영화 제작자들에게 여전히 "조심스러운 소재"였지만, 그가 "이 전쟁은 한국이 이룩한 경제 성장의 시발점인데, 거기서 육체적, 정신적으로 희생된 사람들에 대한 점검은 이제부터 진지하게 이루어져야 한다"고 말했고, 아울러 "이 영화를 통해 실질적으로 미국의 용병으로 참전한 월남전에서 상처 받은 사람들의 마음을 치유해 주고, 위로해 주고 싶다"는 제작 의도를 밝혔다(『한겨레』 91/09/01, 10, 91/10/20, 10).

제작을 맡은 대일필름(대표 국종남)은 소설『하얀전쟁』의 판권을 당시로서는 최고가인 8천만 원에 지불했고, 국내 시장에서는 회수가 어려울 것으로 예상되던 20억 원을 투입하려는 야심을 갖고 있었다. 그리고 당초 현지 촬영을 계획했던 정지영은『하얀전쟁』의 답사와 촬영 교섭을 위해 1991년 10월 20일 현지로 떠났다(『매일경제』

91/10/24, 10;『동아일보』 91/11/23, 26;『경향신문』 91/10/26, 20;『한겨레』 91/09/01, 10, 91/10/20, 10).

이 일정이 마무리된 이후에는 영화 『하얀전쟁』의 독특하고 이색적인 제작 발표회가 대일필름 주최로 10월 31일 서울 조선호텔에서 열렸다. 1970년대 중반 베트남전쟁에 관한 '시각 전환'을 불러왔던 『전환시대의 논리』의 저자 리영희 교수(한양대 신문학과)가 「한국에 있어서 월남전의 의의」란 주제 발표자로 강연하여 눈길을 끌었다. 배우 안성기와 심혜진의 사회로 진행된 이 발표회에는 원작자, 감독, 제작자, 촬영감독 유영길, 그리고 출연 배우들도 발표자로 나섰다. 아울러 『플래툰』, 『지옥의 묵시록』, 정 감독이 현지답사 때 채록한 베트남 기록 필름 등이 발표장 곳곳에 설치된 4개의 비디오를 통해 진지한 분위기 속에서 상영되었는데, 40여 명의 내외신 기자들과 함께 다양한 문화예술계 인사들도 참석했다(『한겨레』 91/11/02, 9).

12월 2일에 베트남 문화공보체육부가 촬영을 허가했고, 영화 출연진과 제작진은 동경의 주일본 베트남 대사관에서 입국 비자를 발급받았다. 그리고 『하얀전쟁』은 31일 상오 6시부터 이튿날 상오 5시까지 동두천시 뉴하우스 앞 철길 건널목 등지에서 한기주(안성기)와 변진수(이경영)의 첫 상봉 장면을 철야로 찍으면서 1992년 새해를 맞았다. 이후 영화 관계자 80여 명이 베트남전 이후 처음으로 서울과 호찌민(Hồ Chí Minh) 시를 잇는 아시아나항공 전세기 편으로 1월 15일 오후 8시 현지로 촬영을 떠났다. 이러한 과정을 거치면서 『하얀전쟁』은 전후에 베트남의 미수교국이 최초로 현지에서 제작한 베트남전쟁 영화가 될 수 있었다(『경향신문』 92/01/04, 26; 『한겨레』 92/01/15, 9, 92/01/25, 9).

배우들과 제작진은 호찌민 시에서 130㎞ 떨어진 해변 도시 롱하이(Long Hải)에 도착하여 베트남 국립영화사 자이 퐁(Giải Phóng, 해방)에서 추천한 10여 명의 배우 및 수백 명의 엑스트라와 손발 맞추기에 들어갔다. 1월 23일부터 70여 일간의 현지 촬영에 들어갔는데, 첫 촬영지는 롱 하이의 외딴 마을이었고, 20~30여 명의 마을 주민들이 촬영 과정을 구경하기 위해 모여들기도 했다. 특히 다큐멘터리를 연상시키는 동적인 카메라(마을 습격 장면) 연출에는 유영길 촬영 감독의 재능이 돋보였다. 폭격과 격렬한 전투에 이어 민가가 불타는 장면 등을 촬영했는데, 실제 가옥 2채와 세트로 지은 집 한 채를 전소(全燒)시키며 사실감을 살렸다. 아울러 전쟁 후유증에 시달린 귀환병의 내면 연기를 훌륭히 소화해 낸 안성기와 이경영의 캐릭터 창출도 주목할 만하다. 한국외국어대 베트남어과를 졸업하고 ROTC 출신 장교로 전방에서 복무했던 안성기는 전쟁 당시 쓰던 헬기를 타고 촬영하면서 “복무 당시보다 더 긴장감을 느끼고 있다”며, “전쟁은 이미 오래 전에 끝났지만 참전 용사들의 상흔은 언제까지나 계속될 것 같다”고 소감을 밝혔다(『한겨레』 92/01/25, 9, 92/07/04, 9; 『경향신문』 92/02/15, 26; 『조선일보』 08/05/16).

당시 한국 영화 제작에는 편당 평균 3만 피트의 필름이 소요

되고 있었으나, 『하얀전쟁』은 12만 피트를 사용하여 작품의 완성도를 높였고, 국내 최초로 모스크바 국립방송교향악단의 실황 연주로 주제곡 및 배경 음악을 녹음하여 전반적으로 비극적이면서도 때로는 힘 있고 박진감 있게 화면을 유도해 나갔다. 그리고 수준 높은 외화만 상영해 왔던 호암아트홀이 시사회가 끝난 이후 작품성을 높이 평가하여 국내 영화에 처음으로 대관 허가를 내주었고, 드디어 1992년 7월 4일 『하얀전쟁』이 개봉되었다(『한겨레』 92/06/21, 9; 『동아일보』 92/06/27, 26).

영화는 베트남 파병을 주도한 박정희가 시해된 직후인 1979년 11월 6일 계엄사령부 합동수사본부장 전두환이 "김재규가 집권을 노린 내란 음모 사건"이라고 대통령 시해 사건의 전모를 발표하면서 시작한다. 전쟁에서 돌아와 "개 같은 전쟁"을 소설로 쓰려던 작가 한기주와 동두천 기지촌의 기둥서방 변진수가 한국 사회에 적응하지 못하고 겪는 갈등과 그 원인이 되는 전쟁의 기억을 교차해서 보여 주는 영화의 구조는 소설과 크게 다르지 않다. 그러나 영화는 원작에 없던 사건을 설정하거나 혹은 원작에 다루어졌던 부분을 없애 버리기도 하고, 주변적 인물의 성격을 변형시키는 부분을 보여 주기도 한다. 김문기 하사를 민간인을 살해하는 냉혈한으로 설정해 동료 채무겸 상병으로부터 죽음을 당하고 귀가 잘리는 극적인 장면이 있는가 하면, 민간인 살해에 동조한 죄책감으로 현실 사회에 적응하지 못하는 변진수로부터 마침내 떠나버리는 애인을 등장시켜 그의 모습을 더욱 애처롭게 만들기도 하고, 원작에 등장하는 한기주와 아내의 불화를 그녀와 별거한 뒤 아들을 만나 보는 한 장면으로 간명하게 일축시키기도 한다. 뿐만 아니라 주인공 한기주의 내면 탐색의 원천으로 많은 부분이 할애되었던 바다낚시의 시공간과, 전장으로부터 벗어나고픈 순수한 영혼의 목마름을 형상화한 베트남 여인 하이(Hai)와의 로맨스 현장은 아예 영상 카메라가 추적하기를 포기하고 있다(윤정헌 1998, 232).

그러나 한국의 오늘과 베트남전쟁의 상관관계를 엄밀하게 분석하려는 감독의 성실성은 영화를 더욱 탄탄하게 만들고 있다. 전쟁 기간 동안과 이후에 한국 경제는 성장했고 재벌들은 기반을 다졌지만, 당시의 남베트남 유행가 〈너무 아름다운 사이공〉(Sài Gòn Đẹp Lắm)을 들으며 마지막 작전에 참여한 백마부대의 소대원들은 대부분 목숨을 잃었다. 이 과정에서 인간성을 상실한 변 일병은 귀국 후에도 죄의식에 시달리며 "여전히 정글 속을 헤매고 있었다." 특히 영화의 마지막 30여 분은 하이라이트이다. 두 주인공은 학생 시위대와 진압 전투 경찰 사이에 우연히 끼어들게 된다. 베트남 전투에서 근거지 마을 주민들을 사살하던 기억, 민간인을 오인 사살하고, 증거를 없애기 위해 생존자들을 죽이던 변진수의 '양심의 상처' 등이 쏟아지는 최루 가스와 화염병의 불꽃과 겹쳐진다. 감독은 베트남전의 사병들이 겪는 역사의 역설을 아무런 설명도 덧붙이지 않고 관객들에게 제시하고, 촬영 감독은 자연광을 이용해 작품의 분위기를 밀도 있게 다듬어 간다. 원작 소설에 없는 이 부분의 역동성과 안성기의 빼어난 연기가 아니었으면, 스스로 자신의 귀를

잘라낸 신경 쇠약 환자 변진수의 방황을 끝내 주기 위해 한기주가 심장에 꽂히는 권총 사격 한 발로 '배려하는' 결말은 관객들을 불편하게 했을 수도 있다.

『하얀전쟁』은 1992년 호암아트홀에서 52일간 15만 2천여 명의 관객을 동원했고, 상영관을 확대하면서 장기 상영에 돌입하게 되었을 뿐만 아니라 일본의 전국 배급망을 통해서 상영되기도 했다(『경향신문』 92/08/06, 13; 『동아일보』 92/10/05, 12; 김수남 1997, 97). 이와 같은 영화의 성공은 "전쟁의 반문명성 고발과 그 상처의 극복"이라는 원작의 주제를 영화가 비교적 무리 없이 전달하고 있는 데서 기인한 듯하다. 또한 그간 속설만이 무성했던 베트남전쟁을 본격적인 제재로 다룬 문학을 다시 영상화했다는 호기심이 관객들에게 대중적으로 커다란 사회적 반향을 일으킨 것으로 보인다(윤정헌 1998, 226-227).

IV. 에필로그: 프롤로그를 위한 이정표

주로 경제적 입장만을 고수하는 이론 경제학자들은 베트남전쟁이 1960년대 한국 경제 도약의 발판을 마련했다고 주장할 수도 있다. 그리고 파병의 주도자였던 박정희는 종전 직후인 1975년 5

월에 긴급조치 9호를 발표하면서 자유월남 패망의 교훈을 국민들에게 각인시키기 위해 노력했다. 1970년에 백마부대 29연대장으로 참전하여 "월남의 비극을 잘 안다"고 자부하던 전두환도 베트남의 적화 상황을 집요하게 언급하며 한반도의 '안보 정치'를 강화하는 주요 의제 중의 하나로 삼았다(『경향신문』 80/08/30, 3).

그런데 사실 이 전쟁은 당시 지식인들에게 던져진 양심의 가시였고, 1960~70년대를 풍미했던 반공 냉전 이데올로기에 대한 반성도 촉구하게 되었다. 그래서 종전 이후 베트남전쟁과 관련된 많은 교훈을 성찰하는 과정에서 소설 『하얀전쟁』과 영화 『하얀전쟁』이 재현될 수 있었다.

전쟁의 소용돌이 속에서 '용병' 안정효와 같은 참전 병사들은 미국이 개입한 한국전쟁을 어렸을 때 겪어 보기는 했지만, "낮이면 농부처럼 땅을 파고 밤이면 베트콩이 독약을 풀어 넣을까봐 개울가에 엎드려 있으면서"(안정효 1989, 14) 베트남전쟁의 세계사적, 정치적 의미를 생각할 수 없었다. 그래서 종전 이후 안정효는 과거의 자신처럼 상황에 눈 먼 채 갇혀 있던 '용병' 한기주와 변진수를 다시 베트남으로 불러내어 한국적 시각에서 베트남전을 새로이 점검해 보고자 소설 『하얀전쟁』을 내어 놓았다. 영화 『하얀전쟁』은 감독의 작가적 사색을 통해 원작의 무거운 주제를 극적 설정으로 간명히 영상화함으로써 관객들의 동시다발적인 이해와 감동을 끌어내었다. 특히, 이 영화는 베트남전쟁을 소재로 한 기존의 미국 영화들과는 달리 한국인 파월 장병의 정신적 갈등과 전쟁 후유증으로 인한 파멸 과정을 소재로 '돈' 때문에 강요된 전쟁의 진실을 과감하게 파헤치고자 했다. 그래서 전쟁이 끝난 지 17년 만에 한국은 비로소 동경영화제에서 최우수 작품상과 감독상을 수상하는 본격적인 베트남전 영화를 얻게 된 것이다.

이처럼 활자 문학의 1차적 텍스트에서 출발하여 영상 문학으로 새롭게 변용된 『하얀전쟁』은 구체적이고 현실적인 사실감과 현장감을 제공하며 1987년 6월 항쟁 이후 민주화로 나아가던 대중사회에 새로운 이슈를 던질 수 있었다. 영화 시사회에서 이름을 밝히지 않은 어떤 중년 회사원이 "나도 백마부대원으로 월남전에 참전했었다. 영화에 공감하는 부분이 많다"고 문을 지키고 서 있는 영화 제작진에게 짧은 소감을 밝히고 총총히 떠나갔다(『한겨레』 92/06/21, 9). 그러나 "파월 용사의 긍지와 명예를 손상했다"고 주장하는 베트남 참전군 단체들이 안정효의 원작과 정지영의 영화 내용에 반발하며 일부 장면들을 삭제하라고 요구하는 경우도 있었다. 영화 제작진은 "이 영화가 파월 장병의 아픔과 상처를 달래고, 이역에서 죽어간 영혼을 위로하기 위한 것"이라며 명예 훼손 주장과 내용 삭제 요구를 받아들일 수 없다는 뜻을 밝혔다(『한겨레』 92/07/10, 9). '긍지와 명예'나 '아픔과 상처'라는 단어 선택에도 나타난 베트남전쟁 참전에 대한 양측의 시각 차이가 밑바닥에 깔려 있음을 알 수 있다.

소설과 영화 『하얀전쟁』에 대해 반발하면서 삭제를 요구한 사건은 박정희 정권 이래 역대 정권이 파월 용사의 '무용담'을 넘어서는 문학화와 영상화 작업을 봉쇄해 버린 금단의 영역에 처음으로 진지하게 발을 들여 놓은 대중문화 작업에 집단적으로 항의하는 성격을 띠고 있다. 그리고 이러한 사회적 파장은 파월 한국군에 의해 민간인들이 학살되었다는 '의혹'이 1999년 11월에 제기되면서 더욱 심각해졌다. 1967년 '월남참전전우회'로 창설된 파월 장병 조직은 이 무렵부터 적극적으로 전국적인 활동을 개시하며 각종 사회, 정치 현안에 목소리를 강하게 내고 있다. 참전 당시 '용병'으로서의 위치를 자각하지 못했던 현재의 '노병들'은 자신들이 당연히 받았어야 할 '돈', 즉 전투 수당을 박정희 정권이 지급하지 않았다고 주장하기도 한다. '역사적인' 베트남전쟁을 소설과 영화로 재현해 낸 안정효와 정지영의 『하얀전쟁』은 "사방에서 전투가 벌어져도 낮잠을 거르지 않았던"(안정효 1989, 123) 베트남인들의 전쟁이 어떻게 '우리'의 아픔과 맞물려 이어졌는가를 한국 사회에 충격적으로 드러내면서 과거의 진실이 밝혀지기 위한 이정표를 제시할 수 있었던 것이다.

참고문헌

『경향신문』.

『동아일보』.

『매일경제』.

『조선일보』.

『한겨레』.

강성률. 2005. “〈하얀전쟁〉 〈알 포인트〉와 베트남전쟁 – 우리에게 베트남 전쟁은 무엇인가 –.” 『내일을 여는 역사』 21: 253–258.

고명철. 2005. 『칼날 위에 서다』. 서울: 실천문학사.

김수남. 1997. 『한국영화의 쟁점과 사유』. 서울: 문예마당.

박태일. 2000. “한국현대시와 베트남전쟁의 경험.” 『한국현대문학이론연구』 14: 131–165.

안정효. 1985. 『전쟁과 도시』. 서울: 실천문학사.

안정효. 1989. 『하얀전쟁』. 서울: 고려원.

윤정헌. 1994. “안정효 소설의 휴머니티.” 『영남어문학』 26: 127–144.

윤정헌. 1998. “소설과 영화의 거리: 〈하얀전쟁〉의 경우.” 『배달말』 23(1): 213–233.

이효인. 1992. “이달에 만난 문화계 인물: 「하얀전쟁」의 감독, 정지영.” 『사회평론』 92–11: 275–282.

Los Angeles Times.

The Christian Science Monitor.

The New York Times.

Ahn Junghyo. 1989. *White Badge: A Novel of Korea*, New York: Soho.

심주형

전남대학교 인류학과를 졸업하고, 서울대학교 인류학과에서 석사학위를 취득한 후 미국의 듀크대학교 문화인류학과에서 베트남 북부 국경지역인 랑선성에서 진행한 장기간의 현지조사를 바탕으로 작성한 논문으로 박사학위를 취득하였다. "기억의 정치", "소수민족의 정치"및 베트남 사회의 신자유주의화 과정에서 발생한 사회-문화 문제에 관심을 가지고 있으며, 베트남 북부국경지역과 중부지역에 대한 인류학적 현지조사 및 관련연구를 진행하고 있다. 현재 서강대학교 동아연구소 HK 연구교수로 재직 중이며, 박사학위 논문으로 "Haunted Borderland: The Politics on the Border War against China in post-Cold War Vietnam(Dept. of Cultural Anthropology, Duke University, 2014)"과 석사학위 논문으로 "베트남 참전에 관한 기억의 정치(서울대학교 인류학과, 2003)"가 있다.

김소연

한국외국어대학교에서 일본어 학사와 일본 오사카외국어대학교에서 국제학 석사를 이수하고, 영국 킹스컬리지 런던에서 일본의 대필리핀 개발협력의 정치생태학에 관한 논문으로 2006년에 박사학위를 받았다. 영국 런던대학(2007-2010) 그리고 리즈대학(2009-2014)에서 교편을 잡았고, 현재 서강대학교 동아연구소 부교수로 재직중이다. 주요 연구주제로는 일본과 한국의 대동남아시아 개발협력의 정치생태학 및 동남아시아 지역 내의 다변화하는 국제개발협력 안에서 신흥개발주체로서의 남남협력국 등의 주제에 관심을 가지고 연구를 진행하고 있다. 주요 연구물들은 저널 〈Geoforum〉, 〈Global Environmental Politics〉, 〈Japanese Studies〉, 〈Journal of International Development〉, 〈Singapore Journal of Tropical Geography〉, 〈Third World Quarterly〉 등에 출판되었다.

이한우

서강대학교 정치외교학과에서 학사, 같은 대학 대학원에서 정치학박사 학위를 받았고, 현재 서강대 동아연구소 교수로 있다. 베트남의 개혁과정에서 제기되는 정치경제적 문제를 중심으로 베트남 사회 전반에 대해 연구하고 있다. 최근 연구로, "베트남 2016"(2017, 공저), "베트남은 동아시아 발전국가를 따르는가?"(2016), "베트남의 탈사회주의 개혁과 체제 정당화"(2016), 〈한국-베트남 관계 20년, 1992-2012〉(2015, 공저) 등이 있다.

배기현

서강대학교 영문학과에서 학사를 받았으며, 토론토 대학교에서 아세안의 제도적 변화에 관한 논문으로 2014년 박사를 마쳤다. 현재 서강대 동아연구소 조교수로 재직 중이다. 주요 연구 주제는 다자외교 주체이자 국제정치 행위자로서 아세안과 동남아시아 지역주의다. 그중에서도 아세안의 규범적, 제도적 변화에서 드러나는 외교행동 및 결과, 아세안과 외부 주요국가들 간 협력 양태의 변화 및 연속성에 대해 관심을 가지고 공부하고 있다. 주요 국문 논문으로는 "아세안 연계성의 정치"(2015), "아세안 50주년, 동아시아 지역협력과 아세안 리더쉽을 중심으로"(2017) 등이 있으며, 영문 저널 *Global Governance*, *Korea Observer*, *The Pacific Review* 등에 최근 연구물을 출판하였다.

윤대영

1995년부터 동남아시아 역사를 본격적으로 공부하기 시작했고, 그중에서도 주로 베트남 역사를 연구 대상으로 삼았다. 특히 식민지시기를 공부하기 위해 프랑스에 한동안 체류했는데, 연구의 주요 주제는 제1세대 독립 운동가들의 지적 모색과 민족주의 활동이었다. 재작년에는 베트남전쟁 당시와 그 이후에 인천의 파월 기술자들이 모여 살던 '월남촌'의 맞은편 한 구석에 라망뜨(L'amante)라는 작은 연구 공간을 만들었다. 현재는 베트남에 의해 절멸된 참파(Champa) 왕국의 고중세 역사에 관심을 갖고 이따금씩 베트남 중남부 지역을 떠돌고 있다.